Анна Герасименко

Как не навредить себе едой?

Анна Герасименко

Как не навредить себе едой?

Безопасное сыроедение

Bloggingbooks

Impressum / Выходные данные
Bibliografische Information der Deutschen Nationalbibliothek: Die Deutsche Nationalbibliothek verzeichnet diese Publikation in der Deutschen Nationalbibliografie; detaillierte bibliografische Daten sind im Internet über http://dnb.d-nb.de abrufbar.

Alle in diesem Buch genannten Marken und Produktnamen unterliegen warenzeichen-, marken- oder patentrechtlichem Schutz bzw. sind Warenzeichen oder eingetragene Warenzeichen der jeweiligen Inhaber. Die Wiedergabe von Marken, Produktnamen, Gebrauchsnamen, Handelsnamen, Warenbezeichnungen u.s.w. in diesem Werk berechtigt auch ohne besondere Kennzeichnung nicht zu der Annahme, dass solche Namen im Sinne der Warenzeichen- und Markenschutzgesetzgebung als frei zu betrachten wären und daher von jedermann benutzt werden dürften.

Библиографическая информация, изданная Немецкой Национальной Библиотекой. Немецкая Национальная Библиотека включает данную публикацию в Немецкий Книжный Каталог; с подробными библиографическими данными можно ознакомиться в Интернете по адресу http://dnb.d-nb.de.
Любые названия марок и брендов, упомянутые в этой книге, принадлежат торговой марке, бренду или запатентованы и являются брендами соответствующих правообладателей. Использование названий брендов, названий товаров, торговых марок, описаний товаров, общих имён, и т.д. даже без точного упоминания в этой работе не является основанием того, что данные названия можно считать незарегистрированными под каким-либо брендом и не защищены законом о брендах и их можно использовать всем без ограничений.

Coverbild / Изображение на обложке предоставлено: www.ingimage.com

Verlag / Издатель:
Bloggingbooks
ist ein Imprint der / является торговой маркой
OmniScriptum GmbH & Co. KG
Heinrich-Böcking-Str. 6-8, 66121 Saarbrücken, Deutschland / Германия
Email / электронная почта: info@bloggingbooks.de

Herstellung: siehe letzte Seite /
Напечатано: см. последнюю страницу
ISBN: 978-3-8417-7165-0

Copyright / АВТОРСКОЕ ПРАВО © 2013 OmniScriptum GmbH & Co. KG
Alle Rechte vorbehalten. / Все права защищены. Saarbrücken 2013

Оглавление

I. Введение……………………………………………………………3

II. Кто такая эта я?……………………………………………….4

III. Теория сыроедения……………………………………….6

- Что такое сыроедение и откуда оно вообще взялось?…………6
- Чем вам может быть полезно сыроедение?………………9
- Что не едят сыромоноеды?…………………………12
- Что едят сыромоноеды?……………………………15
- Как проращивать злаки, семена и орехи……………17
- Фрукторианство: бред или мечта?…………………19
- На пути к сыроедению: эволюция питания……………24
- На пути к сыроедению: эволюция сознания……………28

IV. Мой личный опыт сыроедения…………………………………30

- Как я победила аллергию. Часть 1…………………30
- Как я победила аллергию. Часть 2…………………33
- Как я победила аллергию. Часть 3…………………35
- Дневник сыромоноедения-фрукторианства. Как все начиналось……………………………………………37
- Дневник сыромоноедения-фрукторианства. Один месяц……40
- Дневник сыромоноедения-фрукторианства. Два месяца………42
- Дневник сыромоноедения-фрукторианства. Три месяца………44
- Дневник сыромоноедения-фрукторианства. Четыре месяца….46
- Дневник сыромоноедения-фрукторианства. Пять месяцев……47
- Дневник сыромоноедения-фрукторианства. Шесть месяцев….48
- Дневник сыромоноедения-фрукторианства. Семь месяцев……51
- Дневник сыромоноедения-фрукторианства. Восемь месяцев…53
- Дневник сыромоноедения-фрукторианства. Девять месяцев…54
- Дневник сыромоноедения-фрукторианства. Десять месяцев….56
- Дневник сыромоноедения-фрукторианства. Одиннадцать месяцев………………………………………………58
- Дневник сыромоноедения-фрукторианства. Мой большой годовой отчет……………………………………………60
- Дневник сыромоноедения-фрукторианства. Мысли… ………66
- Дневник сыромоноедения-фрукторианства. Срыв?!…………70
- Я устала – я ухожу…………………………………76

V. После сыроедения. Работа над ошибками

- Почему я вернулась к Аюрведе?....................................82
- Сыроедение в свете Аюрведы: мои проблемы и ошибки........85
- Откровенно о моем сыромоноедении: плюсы и минусы..........90
- Правильное сыроедение для пита-доши..............................94

VI. Приложение «В помощь начинающим сыроедам»................102

- Принятие себя..102
- Когда лучше начинать?..105
- Как минимизировать очистительные кризы?......................108
- Как быстро набрать вес?..112
- Как избежать срывов?...115
- Нужны ли сыроеду зеленые коктейли?.............................118
- Сыроед+блюдоман: есть ли будущее?..............................120
- Сыроед+блюдоман: будущее есть!..................................123

VII. Заключение..126

I. Введение

Сейчас сыроедение очень популярно. Ну, или хотя бы рассуждения о нем – мол, это естественная пища для человека, панацея от всех болезней, питание для особенных личностей…

Хотя есть и другие мнения – диета для модников, секта сумасшедших, «повернутых» на еде, сообщество людей не от мира сего…

Пожалуй, эта система питания вызывает наибольшее число волнений в людских массах. Многие пробуют и сдаются, а большинство просто яростно отрицает.

Я, как человек, пробывший на сыромоноедении – на крайней форме сыроедения – почти полтора года, могу многое рассказать об этом – из первых уст, изнутри.

Но рассказать субъективно, не претендуя на истинность. Просто поделиться своими впечатлениями, изложенными в статьях моего блога и собранных в кучку этой книжице. А вдруг они окажутся Вам полезными?!

II. Кто такая эта я?

Меня зовут Анна Герасименко, в сети скрывающаяся под ником Фрутомама, автор одноименного блога http://frutomama.ru/ . Гораздо подробнее о себе я расскажу дальше в своем дневнике сыроедения, а пока просто озвучу свой главный вывод об этом явлении.

Сыроедение – это даже не система питания и уж, конечно, не модная диета. Это, безусловно, не секта и не шайка пришельцев.

Сыроедение – это особая философия, образ жизни, влекущий за собой качественные изменения не только тела, но и сознания, и даже судьбы – как бы громко это ни звучало!

По моему (напомню – субъективному!) мнению – это лучшее, что может позволить себе человек в плане еды. Вот только позволить, увы, могут не многие. Большинство сыроедов до хрипоты доказывают, что все мы одинаковы, а потому все просто обязаны питаться сырой пищей.

Ан, нет! Какие ж одинаковые-то? Кто-то съест пару бананов в обед и поправится на полкило, а кому-то, чтобы набрать вес, и ночных регулярных бутербродов с салом маловато будет. Хм, ну о бутербродах с салом чуть позже…

Словом, перелопатив за пару-тройку лет массу информации о сыроедении, опробовав все это на себе в полной мере, понаблюдав за себе подобными товарищами, могу с полной уверенностью сказать:

«*Да, сыроедение может решить множество проблем, может даже панацеей стать, но не для всех и не в каждом конкретном случае!*».

Как не навредить себе и окружающим? Как сделать свое сыроедение максимально полезным и безопасным?

Давайте по порядку…

III. Теория сыроедения

Что такое сыроедение и откуда оно вообще взялось?

Предлагаю вам вместе порассуждать об этих и других вопросах в данной главе.

Сыроедение — это питание исключительно сырой растительной пищей. Сыроеды отвергают любую термообработку — будь то нагревание свыше 42 С, либо заморозка ниже 0 С.

Сыромоноедение – *то питание, которого придерживалась, в свое время, я –* **крайняя степень сыроедения, при которой продукты не смешиваются между собой, а едятся моно в один прием пищи.**

Было бы ошибочным считать сыроедение чем-то вроде экстремального новомодного течения, временной диетой, или блажью желающих выделиться из толпы людей. Попробуйте рассуждать логически — кулинария никак не могла появиться раньше даров природы, а потому сыроедение — это изначальная система питания человека, данная ему Природой, Богом, Вселенной, Миром, под которую и приспособлен организм человека.

Конечно, скептики тут же начнут спорить, утверждая, что, мол, эволюция подстегнула человека готовить пищу, есть мясо, а потому человек достиг этаких вершин прогресса.

Хм, действительно, приготовление пищи и впрямь сподвигло род человеческий на такие подвиги, как изобретение вертела, сковородки, а потом и мультиварки, вот только начать готовить пищу его заставила скорее необходимость, нежели амбциозное стремление эволюционировать.

Ну, посудите сами, живете вы в жарких тропиках, над головой вашей, стоит только руку протянуть, висят сочные плоды, некоторые сами падают к вашим ногам. Придет ли вам в голову по такой жаре при наличии такого количества еды вскочить, сделать себе копье и погнаться в джунгли за диким вепрем, чтобы потом долго разделывать его и жарить? Вряд ли! Ну, разве что из спортивного интереса.

Между прочим, вам и в голову не придет съесть вепря сырым со всеми его копытами и внутренностями, как это делают настоящие хищники, а потому не стоит говорить о хищнической природе человека.

Обратное утверждает и длина кишечника человека, предназначенная для быстро перевариваемой растительной пищи. Подробнее об этом читайте в работах академика Уголева.

Но вернемся к нашим тропикам. Существует гипотеза, что обработка пищи стала неизбежностью для человека, когда он начал осваивать северные территории, либо в условиях наступившего похолодания, когда люди лишились возможности круглый год есть фрукты и овощи.

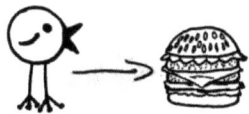

Чтобы выжить в суровых условиях севера человеку пришло начать есть то, что было в наличии — мясо, которое, как вы сами знаете, приходится термически обрабатывать, да еще к тому же сдабривать солью и приправами, потому что иначе оно в пищу просто непригодно!

Кстати, такие способы термообработки пищи, как сушка, засаливание, закваска, консервирование пищи, в том числе и растительной — это также способы выживания, а не норма жизни, как мы привыкли думать. Люди стремились делать запасы на тот период, когда растительная пища в сыром виде была недоступна.

Тут я даже могу согласиться со скептиками, ворчащими, что не все же живут в тропиках...

Согласна, не все! Но, во-первых, мы говорим о физиологии человека о том, что его организм, как показывает положительный опыт многочисленных сыроедов, все же изначально предназначен природой для употребления сырой растительной пищи.

А, во-вторых, те, кто не живут в тропиках в современном мире, в отличие от наших предков, вполне могут туда переехать, или же найти способ круглый год питаться натуральными растительными продуктами, например, покупая привозные фрукты из тех же тропиков.

И потом, не забывайте — на определенном этапе человечества начали бурно развиваться города *(помните, из школьного курса истории «ремесло отделилось от сельского хозяйства»?!)*, горожан нужно было чем-то кормить, а потому сельские жители стали выращивать пищу уже промышленными масштабами. Со временем появилась необходимость в длительном хранении пищи. Так постепенно человечество пришло к тому, что мы видим сейчас.

Магазин с громкой вывеской <u>«Продукты питания»</u>, а полки сплошь усеяны баночками, пакетиками, брикетиками, коробочками... Чем дальше еда от своего первозданного естественного вида, тем она вреднее — это же так очевидно!

Я не призываю вас непременно переходить на сыроедение — ведь я прекрасно понимаю, что сила привычки, а особенно вредной пищевой привычки — великая вещь, и так просто от нее не откажешься.

Более того, опыт многочисленных Сыроедов показывает, что оно, как ни странно, не всем подходит.

Но, по крайней мере, выбирая себе еду, включайте логику, представляйте, сколько этапов обработки она проходит прежде, чем станет блюдом на вашем столе — от этого процесс напрямую зависит ваше здоровье! А ответственность за него несете только вы, а не врачи или ваши родители...

И, пожалуйста, не считайте сыроедов фанатиками — это всего лишь люди, желающие быть здоровыми, ведь сыроедение в полной мере обеспечивает им человеческий организм.

Чем вам может быть полезно сыроедение?

Переход на сыроедение приносит несомненную пользу нашему организму. Так чем же может быть полезно это самое сыроедение лично вам? Об этом читайте далее.

В Интернете существует масса информации:
- о пользе сыроедения,
- о волшебных энзимах, которые содержатся в живой пище,
- о симбиотической микрофлоре, которая восстанавливается благодаря переходу на сыроедение,
- о дружественных бактериях, которые заселяют эту самую микрофлору, подпитываемые натуральной растительной пищей.

Все это верно, но для тех, кто пока не в теме, может быть слишком мудрено. Проще для себя объяснить пользу сыроедения для организма человека следующим образом.

Что происходит внутри нас при употреблении термообработанной пищи?

- тело человека изначально предназначено природой для переработки сырой растительной пищи
- питаясь термообработанной пищей, человек значительно нагружает свой желудочно-кишечный тракт
- ЖКТ вынужден постоянно *(ведь мы же так часто едим!)* работать в режиме экстремальной нагрузки
- органы пищеварения быстро изнашиваются
- пища, потерявшая свой первозданный вид, шлаками и отходами оседает на стенках наших внутренних органов
- это справедливо не только для органов пищеварения
- чем больше в организме отходов, тем стремительнее они распространяются, подобно веткам метрополитена, по остальным органам тела человека
- этими отходами начинают питаться появляющиеся в теле вредоносные микробы
- вместо того, чтобы выполнять защитные функции, органы трудятся над уборкой всего этого пищевого мусора, на полную мощность включая функции переваривания и очистки
- тело с выключенными функциями защиты слабеет, изнашивается, а потому так легко подвергается разного рода заболеваниям
- плюс перегруженные шлаками органы выходят из строя, а это новые болезни

- вдобавок ко всему люди давят симптомы появившихся в организме неполадок химическими препаратами, а это уже априори развитие хронических заболеваний
- добавьте ко всему этому еще и тот факт, что организм снабжается пищевым мусором постоянно, практически 24 часа в сутки!

<u>Что происходит внутри нас при употреблении сырой растительной пищи?</u>

- поступление отходов в организм прекращается
- внутренние органы, больше не получающие такой экстремальной нагрузки, вновь начинают работать в нормальном, естественном для них, режиме
- постепенно входящий в природный режим функционирования организм человека начинает генеральную уборку, выводя наружу через все мыслимые и немыслимые места остатки пищевого мусора, химических препаратов, слизи *(те самые неизбежные при переходе на сыроедение очистительные кризы!)*
- когда основная часть мусора уже выведена, внутренние органы просто подчищают остатки, а сами в это время включают свои нормальные защитные функции *(вот почему сыроеды почти не болеют, практически не устают и позитивно настроены!)*

Даже на начальном этапе перехода на сыроедение вы уже ощутите его пользу для вашего организма — прилив энергии, небывалую легкость, чистую кожу и свежее дыхание.

Когда же организм очистится полностью, вы будете напоминать себе сверхчеловека из фантастических фильмов:
- вы забудете про болезни — из вашего организма уйдут такие такие тяжелые заболевания, как астма, псориаз, аллергия, вегето-сосудистая дистония, возможно, даже рак *(уважаемые сыроеды, дополните этот список, пожалуйста!)*
- ваши кожные покровы очистятся и на ощупь станут, как у младенца, приобретут гладкость и нежность
- дыхание всегда будет свежим даже без использования зубной щетки, а тем более, зубной пасты
- волосы станут пышными, блестящими, крепкими
- практически пропадет сера из ушей
- исчезнет неприятный запах тела
- дефекация будет происходить регулярно за считанные секунды без неприятного запаха, и даже отпадет необходимость в использовании туалетной бумаги

- возрастет физическая выносливость — тело само будет требовать активности
- сознание прояснится — многие привычные вещи предстанут для вас в новом неожиданном свете, вам захочется творить и создавать шедевры
- вы будете легче вставать и легче засыпать, а высыпаться за меньшее количество времени
- исчезнет раздражительность и агрессия…

Знаю-знаю, что сыроедов часто обвиняют в агрессивности — какая уж тут польза от сыроедения?! На то, по моему мнению, есть три причины:

1. Либо человек в душе еще не смирился с отказом от привычной пищи, ему просто некомфортно в новом состоянии, а свой внутренний конфликт он вымещает на окружающих.

2. Либо человек, перейдя на сыроедение, действительно возомнил себя сверхчеловеком, познавшим истину — ну, что тут скажешь, фанатичная увлекающаяся личность, это бы все равно проявилось, не в сыроедении, так в чем-нибудь другом.

3. Либо человека просто «заклевали» со всех сторон «доброжелатели», пытающиеся выбить у него из головы крамольные мысли о пользе сыроедения. Что ж, нужно просто учиться достойно отвечать на такие выпады или не реагировать вовсе.

А агрессия и правда исчезает даже просто на этапе отказа от мяса — при обычном вегетарианстве!

Вот вкратце список того, чем вам может быть полезно сыроедение.

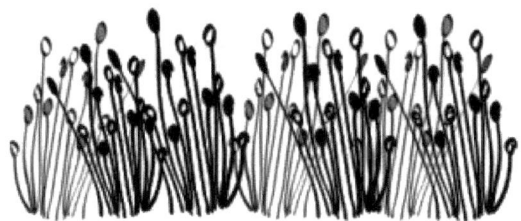

Пишу это все не ради красного словца, а опираясь исключительно на собственные ощущения. Лично я, когда, в свое время, перешла на сыромоноедение, почти сразу ощутила его пользу — за считанные недели избавилась от тяжелой формы хронической аллергии и приобрела крепкое здоровье, чего и вам искренее желаю!

Что не едят сыромоноеды?

В этой статье я хочу разложить по полочкам все, что касается рациона сыромоеда, а точнее тех продуктов, которые сыромоноеды не едят.

Вообще, как человек, изучающий вопросы правильного питания уже много лет, я была уверена, что такие сведения общедоступны и общеизвестны, а потому являются аксиомой.

Но сегодняшний разговор с подругой, пытающейся перейти на сыроедение, убедил меня в обратном. Она задавала мне вопросы про корейские салаты, про консервированные горошек и кукурузу, про замороженные овощи, фрукты и ягоды, про морскую капусту...

Да, казалось бы, на первый взгляд, эта растительная еда, как мы привыкли считать, полезна. Но только на первый взгляд.

Итак, рассмотрим эти и другие продукты, которые могут вызвать вопросы у начинающих сыроедов.

1. Консервированные фрукты и овощи.
Думаю, тут все очевидно: все сырье пастеризуется при высоких температурах (60-70 С). А все энзимы, отличающие живую пищу от мертвой, как известно, при таком температурном режиме разрушаются.

2. Корейская морковка и другие подобные салаты.
Помнится, когда-то я готовила дома такую морковь сама — доводила до кипения смесь уксуса и растительного масла, а потом заливала ею нарезанную и посыпанную специями морковь. А корейцы, насколько мне известно, вдобавок к такому способу приготовления салатов, еще и большие любители глутамата натрия.

3. Замороженные фрукты, овощи и ягоды.
В сыромоноедческой среде такие продукты также считаются мертвыми, потому что заморозка — это та же термообработка, только со знаком «минус». Хотя иногда в сыроедческих рецептах я встречаю замороженные ингредиенты — ну какая необходимость?!

Возможно, какая-то часть витаминов таким образом и сохранится, но это уже не будет тот идеально сбалансированный натуральный продукт, каким он был до заморозки. Уж лучше живые привозные фрукты, чем местные замороженные. Это лично мое мнение.

4. Морская капуста.
Этот продукт я искренне считала полезным, обожала и очень часто ела.

Морскую капусту сушат в печах при высокой температуре. К сожалению, это не сыроедческий продукт. Хотя, если вы достанете свежую ламинарию со дна морского и высушите при температуре не выше 40 С, дайте знать, я куплю у вас десяток-другой килограмм!:)

5. Молочные продукты.
Пару раз встречала в сети рассуждения сыроедов, употребляющих парное молоко и всяческие продукты из него. Молоко животных — хоть не видовая пища для человека, но в Ведах воспевается польза молока и молочных продуктов. Здесь все упирается в вопросы вашей веры.

И в вопросы правильного употребления молочных продуктов. Но сыромоноеды – приверженцы веганства, а, значит, молочные продукты – не для них!

6. Мед.
Наверное, самый спорный продукт в сыромоноедческой среде. Кто-то ест его ложками, мажет на все доступные места своего тела, а кто-то считает его животной пищей, не имеющей к человеку никакого отношения. В Ведах мед считается благостной пищей. Употреблять его или нет – решать, конечно же, вам!

7. Сухофрукты.
Тоже очень спорный момент. Все рыночные сухофрукты сушат в печах при высоких температурах, а потому они ничего общего не имеют с живой пищей *(есть подозрение, что исключением являются иранские финики «Каспиан» — похожи на вяленые и вроде бы укладываются в коробку прямо с пальмы!)*.

Сухофрукты из экомагазинов внушают не больше доверия. Там, конечно, вам расскажут, что высушены они исключительно методом щадящей теневой сушки. Но, простите, а где гарантии?! Да и потом, сухой фрукт все же уступает сочному живому по всем параметрам, даже если эту сушеную «мумию» замочить на какое-то время и напоить водой. Тут уж выбор за вами!

8. Растительные нерафинированные масла холодного отжима.
Могут быть компромиссным вариантом салатной заправки во время перехода на сыроедение. Сыромоноеды считают, что масла им ни к чему, тем более, что это очень высококонцентрированный жир, поэтому употреблять его следует строго дозировано – не больше одной столовой ложки в день!

9. Соль.

О поваренной соли речь вообще не идет, так как она действительно вредна, а вот морская... У меня к соли вообще двоякое отношение: с одной стороны, она помогла мне родить и выносить здорового ребенка, а, с другой, сыромоноеду она тоже не требуется. Более того, через определенное время на строгом монопитании вы ощутите, что огурцы и помидоры на самом деле соленые сами по себе.

11. Специи.
Нет смысла улучшать то, что и так идеально — сырую растительную пищу. Специи тоже могут стать компромиссом во время перехода на сыроедение.

12. Травяные чаи.
Сыромоноеды вряд ли будут заваривать травы кипятком, а вот настоять сутки в холодной воде – это да! Некоторые приверженцы натурального питания так регулярно делают.

13. Магазинные крупы.
Все они уже обработаны воздействием высоких температур, а потому в пищу сыроеду не пригодны. Какие злаки может есть сыроед — в следующей главе «Что едят сыромоноеды?».

14. Грибы
Довольно спорный продукт. Вроде и живой, но в то же время, ядовитый. А по Ведам еще и невежественный. Хотя вряд ли кто-то из сыроедов решится мухоморы сырые жевать, а вот шампиньоны промышленные вполне удобоваримы. Тут уж дело вкуса.

14. Сырое мясо и сырые яйца.
А что? У людей и такие вопросы возникают! «Я сыроед» — "Да? А мясо тоже сырым ешь?!».
Без комментариев...

Вот и получается, что остаются в распоряжении сыромоноеда лишь овощи, фрукты, ягоды, зелень, злаки, орехи, семена и бобовые.

Подробнее – в следующей главе.

Что едят сыромоноеды?

Выяснив, чего же стоит избегать сыромоноедам в своем рационе, методом исключения мы установили, что сыромоноедческая еда — это овощи, фрукты, ягоды, зелень, злаки, орехи, семена и бобовые.

Маловато будет?! На первый взгляд, возможно, а если поподробнее рассмотреть вопрос?..

Итак, что же едят сыромоноеды?

1. Фрукты и ягоды.
Тут вам любой сыроед и фрукторианец скажет, что фрукты — самая что ни на есть видовая человеческая еда. Красивые, сладкие, сочные, душистые, легко добываемые. С ними и выдумывать ничего не надо — помыл и съел. Причем каждому сезону соответствует определенный фруктово-ягодный урожай. Кушайте на здоровье!

2. Овощи.
А вот употребление корнеплодов уже вызывает некие споры в сыроедческо-фрукторианских кругах. Все-таки повозиться надо, чтобы их добыть — в земле покопаться, испачкаться, затем их помыть, почистить. Но, в принципе, вполне подходящая пища для человека.

Вопросы вызывают также некоторые острые овощи — лук, чеснок, редька, чили. Есть мнение, что они губят микрофлору и даже являются ядами для мозга, затуманивая ясное сыроедческое сознание, в противовес этому некоторые сыроеды уверенны, что острота прекрасно справляется с паразитами — наследием «сбалансированного» питания. Веды считают эти овощи продуктами в невежестве!

Лично я прошла летом кратковременный чесночно-луковый период вприкуску с помидорами. Психологическое удовлетворение было, а вот физиологически — как-то не очень комфортно потом.

3. Зелень.
Универсальная еда — сочетается со всем и всегда в любых количествах. Одно «но» — много ее не съешь! Да и не сытная она какая-то. Так, в качестве блажи погрызть, зеленый коктейль сделать, хотя есть сыромоноеды, которые едят зелень регулярно, уходят весной в леса и «пасутся» там в свое удовольствие.

4. Злаки.
Сырые, нешлифованные и необработанные злаковые культуры *(пшеница, рожь, овес)* едятся сыроедами так: с утра промываются и

замачиваются в чистой воде, в течение дня вода изредка меняется, затем, часов через 12, снова промываются и остаются на ночь без воды, прикрытые блюдцем. Утром или днем, в зависимости от вида злака, получаются проростки.

5. Орехи и семечки.
Большинство сыромоноедов увлекается их употреблением, а зачастую и злоупотреблением, в самом начале своего сыроедческого пути. Они плотные, жирные, хорошо насыщают и создают в желудке ощущение тяжести, как при традиционном питании.

Однако следует помнить, что и растительный жир в больших количествах откладывается на ваших боках и препятствует тем очистительным процессам в организме, которые активизуруются на сыроедении.

Более того, орехи и семечки снабжены ингибиторами, блокирующими усвоение белка человеческим организмом. Поэтому все орехи и семена следует замачивать — под действием воды белок становится легкоусваиваемым. А если вы еще и прорастите орехи и семечки, то получите еще больше пользы для своего организма.

Суточная норма этих довольно жирных и тяжелых даже для сыромоноедческого желудка продуктов должна быть строго дозирована. Вполне хватит одной горсти! Ведь и в природе так все грамотно устроено: чтобы добыть ядрышки семян или орехов, приходится прилагать усилия — разбивать скорлупу, чистить шелуху.

Кстати, орехи и семечки лучше покупать нечищенные и обязательно делать тест на проращивание, чтобы убедиться в том, что они еще живы. И еще одна интересное открытие: гречка – это не злаки, а семена, а потому отношу ее к этой группе. Уж очень любят сыроеды размоченную и пророщенную зеленую гречку!

7. Бобовые.
Тоже неоднозначаная категория. Обычно сыромоноеды замачивают и проращивают нут, маш, чечевицу. Но вот некоторые ученые утверждают, что все бобовые в сыром виде все же ядовиты, кроме чечевицы.

Вот они — основные моменты сыромоноедческого питания, проверенные когда-то на собственном опыте. Возможно, ваш личный сыромоноедческий опыт говорит обратное. Делитесь — всегда рада узнать что-то новое!

Приятного всем аппетита!

Как проращивать злаки, семена и орехи?

Почти все сыроеды употребляют в пищу проростки, то есть пророщенные злаки, орехи и семена. Люди, которые только собираются переходить на сыроедение, вполне возможно, еще не сталкивались с процессом проращивания на практике. Эта глава о том, как проращивать злаки, орехи и семена — специально для них.

Зачем проращивать злаки, орехи и семена?

- в размоченном, а, тем более, в пророщенном виде, все эти продукты усваиваются нашим организмом гораздо легче
- при проращивании семечки и зернышки наполняются живительной влагой, в них зарождается жизнь — проростки, а это значительно повышает пищевую ценность данных продуктов
- процесс проращивания также применяется в сыроедении и для проверки качества продуктов *(дело в том, что многие орехи продают сушеными или жареными, если же орешки проросли, то это свидетельствует о том, что они сырые, а, значит, они принесут пользу вашему организму)*

Как проращивать злаки, орехи и семена?

Неоднократно я встречала в сети способ проращивания злаков, орехов и семян с помощью марли, которую непременно нужно в течение суток поддерживать влажной. Это какой-то слишком мудреный способ проращивания.

Я проращиваю злаки, орехи и семена гораздо проще:

1. вечером перед сном хорошенько промываю нужное количество сырья холодной проточной водой
2. затем заливаю промытые зерна холодной очищенной водой в обычной глубокой мисочке *(бобовые впитывают очень много воды, а потому миску лучше брать поглубже, а воды лить побольше)*
3. оставляю сырье в таком виде на всю ночь

4. утром сливаю воду, снова промываю зернышки
5. злаки оставляю без воды, прикрываю сверху блюдцем — проростки обычно появляются уже в течение дня
6. орехи и бобовые можно еще разок залить чистой водой часа на 3-4, а затем точно так же, как и злаки, прикрыть блюдцем и ждать ростков

Если в течение суток-полутора злаки, орехи и семена не проросли, да еще, к тому же, начали закисать, значит, в пищу сыроеду они не пригодны!

Фрукторианство: бред или мечта?!

Когда я только начинала постигать тонкости сыроедения, фрукторианство казалось мне слишком уж крайней степенью питания натуральными продуктами.

Людям, далеким от сыроедения, фрукторианство вообще кажется бредом, а для многих сыроедов со стажем фрукторианство так и остается мечтой — тем пределом совершенства, к которому стоит стремиться!

Фрукторианство — это разновидность сыроедения, которая подрзумевает употребление в пищу только фруктов и зелени, исключая орехи, овощи и злаки.

Почему именно фрукты и почему только фрукты? Давайте будем разышлять логически и идти за мыслью фрукторианцев методом исключения.

Почему фрукторианцы против злаков и бобовых?

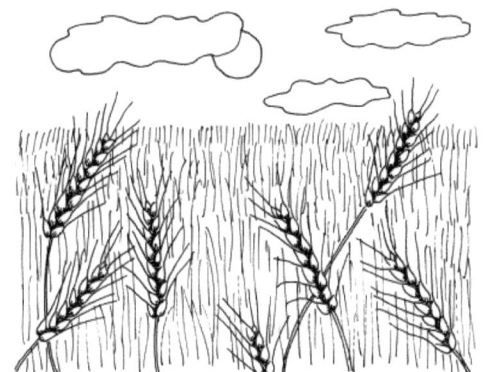

Фрукторианцы не считают злаки видовой пищей человека, утверждая, что они предназначены для птиц. Существует доходчивое объяснение этого вопроса Фредериком Патенодом в его книге «Секреты сыроедения».

Автор пишет о том, что у птиц есть специальный мускульный желудок, который прекрасно переваривает покрытые твердой оболочкой злаки. Более того, птицы нарочно глотают твердые предметы, вроде мелких камней, чтобы те выполняли внутри них функцию жерновов, перемалывая злаковые. Тело человека не приспособлено к таким ухищрением, а потому природой не предназначено для употребления злаков. По тем же причинам фрукторианцы не употребляют и бобовые.

Почему фрукторианцы против орехов и семян?

Фрукторианство отрицает употребление орехов, считая их тяжелой пищей для человека. По той же причине, что и злаки, орехи не могут полноценно перевариваться человеческим желудком, а, следовательно, создает в нем источник шлаков и слизи.

Хотя некоторые сторонники фрукторианства допускают редкое употребление в пищу орехов, если они только что сорваны с дерева — тогда их мякоть похожа на мякоть фруктов и совершенно ничего общего не имеет с теми орехами, которые мы привыкли покупать (*вспомните, какая нежная и хрустящая сочная мякоть у молодых грецких орешков — действительно, их и орехами-то сложно назвать!*).

Но, даже употребляя в пищу сочные молодые орехи, не стоит злоупотреблять ими — они очень жирные и тяжелые для нашего организма.

Почему фрукторианцы против овощей?

По поводу овощей среди фрукторианцев ведутся жаркие споры, однако тут следует учитывать один маленький нюанс. Если считать фруктами все то, что растет над землей *(съедобные плоды деревьев или кустарников* — **Википедия**)*, тогда к фруктам смело можно отнести также и помидоры, паприку, огурцы, авокадо.

А еще к фруктам относят некоторые ягоды. Овощи же растут под землей, это съедобные части травянистых растений. Таким образом, получается, что морковь, картошка, свекла в рацион фрукторианца не входят.

Почему же не употреблять овощи? Многие фрукторианцы считают овощи грубой пищей, которая также затрудняет работу органов пищеварения.

Фрукторианство и природосообразность

Давайте пофантазируем: живет человек без инструментов в месте, где растут все вышеперечисленные дары природы. Чем он будет питаться?

- выбивать злаки из колосьев, пытаться очистить их от твердой и жесткой оболочки, которой они покрыты, искать емкость, чтобы складывать их туда, заливать пресной водой *(которой, между прочим, может и не быть поблизости!)*, а затем еще сутки ждать, пока злаки прорастут?! с трудом верится! 😁
- срывать орехи, искать камни, чтобы разбивать их, доставать из скорлупы ореховую мякоть и есть? возможно, но сколько он сможет их расколоть? килограмм, два? вряд ли! вот и получается, что орехов нужно есть совсем немного, да и то, если они свежие! а если сухие? снова, как для злаков, искать емкость, пресную воду, ждать, пока прорастут?! 😊

- искать приспособление для извлечения овощей из земли или же извлекать их оттуда руками самостоятельно, а затем каким-то образом чистить от грязной шкурки и есть! вкусно? сомневаюсь! утомительно и как-то нечистоплотно!

А вот растет зелень — подошел, сорвал и съел ее! Встречается мягкая и сочная, а бывает и острая, с жесткими листьями — наверное, тут тоже свои нюансы есть, какую зелень стоит употреблять в пищу, а какую нет. Но много зелени тоже ведь не съешь — это так, когда разнообразия хочется.

И вот на деревьях растут они — фрукты — сочные, спелые, а те, что поспелее, сами к ногам человека падают с деревьев — красота! Фрукты прекрасно чистятся руками, а многие прямо с нежной кожурой съедаются.

Более того, они сладкие, калорийные, многие из них сытные и питательные, при питании одними только фруктами вода не нужна, а потому отсутствие поблизости пресной воды вовсе не является проблемой. Вот почему фрукты, по мнению фрукторианцев,— это именно та идеальная еда, которая предназначена человеку в пищу!

Мое отношение к фрукторианству

Мои первые полгода сыромоноедения были фрукторианскими. Я не ела ни злаки, ни орехи, ни овощи — просто не хотелось! Кушать моно зелень мне тогда было невкусно — не «доросла» еще!

Так вот, за время чистого фрукторианства мое тело максимально очистилось от всех шлаков, а потому мой вес был минимальным. Но зато уже через 4 месяца фрукторианства я стала набирать новый, чистый вес на одних сочных арбузах. Энергии, несмотря не детоксикацию начального периода сыроедения, было море, самочувствие было прекрасным, физическая активность была на высоте, по утрам вставала легко и с удовольствием.

Но мне сложно постоянно ощущать во рту только сладость, а потому, если летом и осенью в этом плане меня выручали мои обожаемые помидоры, имеющие от природы нежный солоноватый вкус, и иногда огурцы, то зимой такого фруктового аналога я просто не нашла. Спасалась иногда кабачками, но все же это дорого и не по сезону!

Веды говорят, что человек должен почувствовать за один прием пищи все 6 вкусов. А потому, уважаемые фрукторианцы, если вам так нравится, фрукты в вашем распоряжении. Но, думаю, мало кто выдержит годами питаться только ими!

Для традиционно мыслящих людей фрукторианство, конечно, выглядит фанатичным бредом — что ж, их право так думать.

Однако тем людям, которые позитивно настроены и с удовольствием поглядывают в сторону сыроедения и естественных методов очищения организма, я очень рекомендую попробовать попрактиковать чистое фрукторианство хотя бы в летне-осенний изобильный период.

Поверьте, ничего подобного вы раньше не испытывали, это я вам, как периодическая фрукторианка, говорю!

На пути к сыроедению: эволюция питания

Давайте заведомо опустим терзания и муки, предшествующие решению перейти на полное сыроедение. Образ жизни это довольно непростой и требующий неких усилий с вашей стороны.

А еще – ощущения, что это действительно то, что вам нужно!

Итак, вы — на пути к сыроедению, а, следовательно, ваше питание претерпевает эволюцию! Вот начитались вы в Интернете о пользе живой пищи, пообщались с практикующими его восторженными людьми — вдохновились идеей перехода на сыроедение... Замечательно!

Однако на данном этапе на пути к сыроедению важно правильно рассчитать свои силы и не бросаться в омут здоровой жизни с головой. Ваш измученный организм может просто не справиться с неожиданно свалившимся на него счастьем, особенно если до решения встать на путь сыроедения ваш образ жизни и ваше питание оставляли желать лучшего.

Посему отбросим максималистские настроения перейти на сыроедение немедля *(хотя история знает и такие, вполне успешные, переходы!)*, а будем двигаться к цели поступательно, мелкими шагами, приучая свой многострадальный организм к тому, что обратной дороги на пути к здоровью нет!

Конечно, у каждого человека свой путь к сыроедению, однако можно воспользоваться и некоей оптимальной проверенной схемой эволюции питания и плавного перехода на сыроедение. Выглядит она примерно так:

1. Отказ от вредных привычек — курения, употребления алкоголя.
2. Отказ от медикаментов в тех случаях, когда состояние вашего здоровья позволяет это сделать.
3. Избавление от различных искусственных продуктов: фаст- и джанкфуда (чипсов, сухариков и прочих закусок), промышленных сладостей в виде конфет, шоколадок, пирожных, тортов, кетчупов, майонеза, консервированных продуктов, а также от кофе, чая, всяческих лимонадов, соков из коробочек и баночек.
4. Переход на раздельное питание.
5. Отказ от мяса, рыбы, яиц.
6. Увеличение доли сырых продуктов в рационе.
7. Отказ от молочных продуктов.
8. Постепенная трансформация злаков из вареных каш — в пропаренные, а затем и в замоченные.
9. Постепенная замена вареных блюд сырыми, начиная с одного приема сырой пищи в день, постепенно доводя до полного сыроедения.
10. Пересмотрите свои пищевые привычки — утренний кофе с непременной яичницей, чайно-булочно-конфетные перекусы в течение дня, сухарико-пивные вечера. Нет нужды говорить, что все эти, с позволения сказать, «продукты питания» отнюдь не способствуют вашему здоровью и долголетию.

Очень полезно для пробуждения собственного сознания тщательно читать состав каждой яркой баночки и коробочки, а потом залезть в Интернет и посмотреть, ЧТО же попадает внутрь вашего организма вместе с такой активно навязываемой рекламными роликами «полезной» пищей.

Например, «антиоксиданты — добавки с индексом (Е-300 — Е-399) защищают продукты питания от окисления, прогоркания и изменения цвета.

Представляют собой как природные соединения (аскорбиновая кислота, витамин Е), так и химически синтезированные, не встречающиеся в природе соединения. Добавляют в жировые и масляные эмульсии (например, в майонез)».

«Химически синтезированные, не встречающиеся в природе соединения» — это, безусловно, очень вкусно, а, главное, полезно!

Тщательно проработав, таким образом, свой ежедневный рацион, вы с удивлением заметите (при условии, что вы действительно избавились от всех гастрономических «достижений» цивилизации), что в вашем рационе остались только крупы, бобовые, молочные продукты, возможно, мясо-рыба и, конечно же, овощи-фрукты.

По поводу мяса и рыбы жаркие споры на всех уровнях человеческой жизни не утихают, начиная со времен Пифагора *(между прочим, активного вегетарианца!)* и по сей день. Не принимал участие в этом споре только совсем уж равнодушный к еде или очень уж ленивый индивид! Однако к чему слова и доводы?!

Во-первых, все нужно пробовать на практике лично, потому что истина у каждого своя, а, во-вторых, глава предназначена для людей, планирующих перейти на натуральное питание, то есть, все-таки осознающих вред продуктов убийства.

Путь к сыроедению тернист, и, как показывает практика многочисленных сыроедов, сложнее всего отказаться именно от молочных продуктов. Может, не зря все-таки Веды воспевают молоко и молочные продукты?! Но я напоминаю, что это всего лишь вопросы вашей веры!

Долго еще полусыроеды не могут расстаться с любимыми творожками, кефирчиками, и, конечно же, сырами. Если вы твердо решили стать сыроедом и максимально очистить свой организм, что ж, расставайтесь!

А если вам это сложно сделать, значит, сыроедение, может быть, и не для вас вовсе?!

Исключив из рациона, наряду с промышленными сладостями и вредностями, еще и продукты все животного происхождения, вы смело сможете причислить себя к веганам. А это - последняя ступень перед сыроедением!

Оставив на время переходного периода каши, позаботьтесь о том, чтобы они были максимально приближены к живой пище. Можно прорастить пшеницу, смолоть ее в блендере и немного прогреть в пароварке при низкой температуре. То же самое можно сделать и с зеленой гречкой, продаваемой в экомагазинах Интернета.

К сожалению, вся магазинная крупа уже изначально обработана при высокой температуре, а потому сварите вы ее или замочите на ночь в холодной воде принципиального значения уже не имеет.

- При плавном переходе на натуральное питание постепенно заменяйте свои привычные термообработанные приемы пищи фруктово-овощными.

Например, в конце лета вместо привычной утренней овсянки очень вкусно завтракать холодным освежающим арбузом, а зимой — сочными цитрусовыми или, если вы привыкли завтракать плотно, сытными бананами.

- Чтобы умерить аппетит своего тела, привыкшего к тяжелой пище, ешьте, тщательно пережевывая до кашеобразного состояния каждый кусочек, обильно смачивая его слюной, не отвлекайтесь на посторонние вещи — телевизор, компьютер, книгу.

- Постепенно уменьшайте порции вареной еды, однако живую пищу можете кушать практически без ограничений, не забывая только прислушиваться к своему организму.

Даже не стопроцетное сыроедение удивит вас своими результатами: в теле появится давно забытая детская легкость, заметно очистится ваша кожа, улучшится состояние зубов, ногтей, волос, энергия будет бить ключом.

Кто-то остановится на этом, а кто-то пойдет дальше – у каждого своя дорога!

На пути к сыроедению: эволюция сознания

Довольно часто люди воспринимают сыроедение как стиль питания или, того хуже, как некую модную диету. Начитаются в сети про то, как начинающие сыроеды стремительно теряют годами наеденные килограммы, и вдохновляются. Ведь это так стильно и гламурно, эпатажно и анархично — питаться одними фруктами и овощами.

Затем, на своем пути к сыроедению, эти люди сталкиваются с первыми серьезными кризами или сходят с ума от голода, а так и не проснувшееся сознание не позволяет пойти по этому пути до конца. Вот и рождаются, таким образом, бывшие сыроеды, трубящие по всему Интернету о вреде сыроедения и о пользе животных белков. Дескать, стали мясо есть — прыщи прошли!

А на самом деле, оно им просто не подходит – не для их типа, вот и все!

Но не каждый человек, загоревшийся идеей сыроедения, считающий его панацеей, способен понять эту простую истину.

Сама была такой когда-то, понимаю. Но я проверила все на практике и убедилась - лично мне не подходит! Хотя пользу сыроедения для организма я не отрицаю.

Что ж, если вы для себя твердо решили стать сыроедом, пробуйте все на практике. А вот как им стать без ущерба для психики?

Необходима эволюция сознания.

Сыроедение — не диета, даже не стиль питания, а образ жизни, высокая степень сознания, особая философия...

Кстати, многие Святые личности в разных религиях были сыроедами – питались травами, кореньями, фруктами. А иногда и сырым парным молоком, кстати! Вот уж где высочайший уровень сознания, но таким людям пища просто для элементарного поддержания жизни в теле нужна была. Им некогда просто было задумываться о еде, готовить – вся жизнь Богу посвящена.

«Секта!» — выкрикнут скептики.

Ну, секта, скорее, некое религиозное, агрессивно настроенное сообщество, хотя, если принять во внимание любовь сыроедов к природе, то можно обвинить их в язычестве.

Большинство из них просто посмеется над этим. Каждый сыроед на пути к натуральному питанию подверг свое сознание самой настоящей эволюции, постепенно развенчав для себя множество мифов и стереотипов общества.

Первый и самый главный такой вот миф: «Будь, как все! Не высовывайся! Чем ты лучше нас?!». Ничем не лучше, ничем не хуже — просто другой.

И зачем приводить доводы в пользу «традиционного» питания, мол, столько поколений едят борщ и кашу и ничего, живы. Зачем сравнивать совершенно разных людей? У каждого свой особый путь!

На вашем тернистом пути к сыроедению может возникнуть еще один банальный стереотип — сыроеды становятся асоциальными.

Мол, как же теперь семейные праздники *(семейные праздники или все же, не будем лукавить, праздники желудка?!),* походы с друзьями в рестораны, пятничные корпоративы, кофеек и мороженое с подругами после шопинга... Да мало ли еще каких гастрономически обоснованных мероприятий существует в нашем потребительском обществе?

А вот тут вопрос всего лишь в вашей внутренней гармонии. Примете вы этих людей со всеми их привычками, пусть даже вредными, они «отзеркалят» – примут вас!

Действительно, что страшного в том, что сыроед просто посидит за обшим столом без обильных возлияний и объеданий, пообщается и просто перекусит фруктами?

Пересматривают сыроеды и свои отношения с религией — это вершина эволюции сознания. Взять хотя бы пост, церковное вино... Однако эта тема слишком личная и деликатная, чтобы вот так вскользь упоминать о ней в статье о стереотипах... Она требует глубокого осмысления и анализа, что и делают практически все сыроеды на разных этапах своего пути.

В общем, сыроедение сыроедением, а <u>осознанность</u> еще никто не отменял. Эти два понятия едины и друг без друга вряд ли жизнеспособны в полной мере. А уж что из чего вытекает в вашей жизни и вытекает ли, решать только вам!

Дневник моего сыромоноедения

Писалась эта история на протяжении 2011-2012 года. Сейчас я перечитываю все это и понимаю – взгляды мои сильно изменились с тех пор. Но я привожу здесь свой тогдашний дневник сыромоноедения без изменений – это же моя история!

Как я победила свою аллергию. Часть 1

На сегодняшний день я победила свою аллергию! Это была нелегкая победа, но я добилась своего: аллергии у меня больше нет.

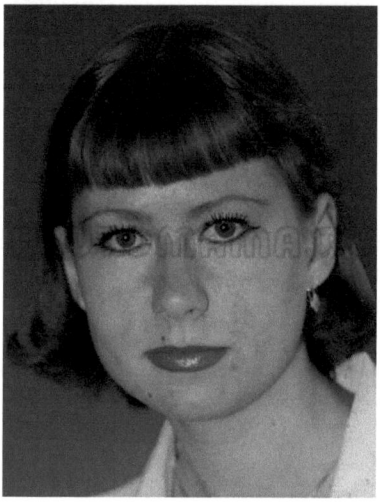

А ровно 4 года назад мне было дано, а точнее, мною приобретено:
- хронический нейродермит,
- атопический дерматит,
- пищевая аллергия,
- непереносимость таких продуктов питания, как: шоколад, цитрусовые, яйца, клубника, морковь в больших количествах, мед,
- аллергические реакции в виде сыпи,
- зуда и
- покраснений на коже на многие косметические средства, бытовую химию, хлорку, пыль, лакокрасочные изделия,
- астматический компонент,
- ужасное состояние кожи лица, а в некоторых местах и тела:
- постоянные шелушения,
- покраснения,
- зуд,

- *шероховатости,*
- *угри,*
- *черные точки прыщи,*
- *расширенные поры,*
- *сухость вперемешку с жирностью (комбинированный тип кожи),*
- *себорейные корки и*
- *чешуйки по всей коже головы (жирная себорея),*
- *большое количество перхоти,*
- *нестерпимый зуд,*
- *а потому небольшие ранки по всей голове.*

А также:
- *нарушение всех обменных процессов в организме,*
- *хронический гастрит,*
- *хронический колит,*
- *предъязвенное состояние желудка,*
- *запоры,*
- *нарушение перистальтики кишечника,*
- *дисфункция поджелудочной железы.*

А также
- *неестественная худоба и*
- *невозможность набрать вес никакими способами.*

С таким вот симпатичным «букетом» я жила почти 28 лет.

- Помню красные корки и нестерпимый зуд на своем детском лице, запреты родителей на новогодние подарки, сплошь состоящие из цитрусовых и шоколадок.

- Помню глупые вопросы других детей с чистыми личиками, почему я такая красная, и неумение найти ответы на эти вопросы, а оттого слезы и ненависть к себе.

- Помню из года в год под бой курантов одно и то же желание, которое все не сбывалось и не сбывалось — чтобы не было аллергии, победить аллергию.

А еще были бесконечные походы по врачам — дерматологи, косметологи, аллергологи — мама использовала все свои связи в медицинском мире. Мази, приготовленные по особым рецептам, порошки, пивные дрожжи, таблетки, припарки, примочки, умывания, полоскания, мазанья и растирания. Эффект нулевой! Подчас мне вполне справедливо казалось, что от этого становится только хуже…

А в подростковом возрасте вся эта красота обострилась прыщами и угрями! К мазям и порошкам добавились кремы, тональные кремы и пудра. Под множеством слоев пудры я провела долгих 8 лет, из дома не могла выйти без нее — кожа лица стала жирной на лбу и носу, а вокруг рта и на подбородке трескалась.

Однажды я обгорела на солнце и параллельно сорвалась на шоколадное мороженое – мое лицо покрылось коричневыми вздутыми корками, из-под которых вытекала какая-то жидкость…

В то же время появилась гормональная мазь – сначала «Флуцинар», а затем более слабый, но не менее губительный для кожи «Синафлан», на который я уже конкретно «подсадила» свою кожу. Я дня не могла прожить без этой мази – начинался дикий зуд, ее в прямом смысле «ломало» без мази.

Тогда-то я и разочаровалась раз и навсегда в традиционной медицине и стала делать первые робкие шаги в сторону нетрадиционных методов лечения.

Дорогие мамочки, если вашему ребенку, страдающему диатезом, прописывают гормональные мази, не стоит соглашаться на этот компромисс. Да, сначала эти мази помогут, снимут зуд и красноту, но этот шаг имеет далекоидущие плачевные последствия (об этом будет отдельный пост), которые я расхлебывала с детства до недавнего времени. Не повторяйте роковых ошибок!

В 19 лет был первый гомеопат – уж не знаю, шарлатан ли, только это первый человек, который обратил, наконец, внимание на мое питание, точнее, не обратил совсем, просто сам питался раздельно и мне сказал так — мясо отдельно, картошку отдельно. Меня хватило на три месяца.

Результатов ноль, но ведь дяденька не поинтересовался тем, что я уже курила в то время, как паровоз, и пила пиво по прокуренным клубам *(шальная молодость была, да! Надо же было как-то комплексы по поводу внешности давить…).*

Как я победила свою аллергию. Часть 2

Так бы я жила и дальше со своей аллергией, если бы не случилось в моей жизни печальное событие – расставание с любимым человеком, который, к слову сказать, так ни разу и не видел меня за почти 4 года ежедневных встреч без тонального крема и пудры на лице – такой вот парадокс!

Тогда я решила потратить время, выделенное мне на одиночество, с пользой и вылечить свою болезнь! Моя борьба с аллергией и дальнейшая победа над ней начались с установления причин ее возникновения. Вот что мне удалось выяснить.

Болезнь моя – это испытание, данное мне свыше. Все могло быть менее болезненным, но я сама во многом усугубила этот процесс.

- *искусственное вскармливание коровьим молоком и смесями почти сразу после рождения (мамочка моя не виновата в этом, на нее обрушилась серьезная болезнь сразу после моего рождения),*
- *прививки,*
- *лечение антибиотиками, таблетками,*
- *неправильное питание,*
- *вредные привычки (8 лет курения и употребления спиртных напитков),*
- *нервозность и раздражительность,*
- *закомплексованность (психосоматика),*
- *постоянное злоупотребление гормональной мазью,*
- *регулярное использование косметической химии – кремов, лосьонов, гелей, тональной основы и пудры.*

Лечение:

- Прежде всего, я, наконец, смогла бросить курить и употреблять спиртное.
- Старалась есть меньше жирного, мучного и жареного.
- В 24 года я встретила ее — моего любимого доктора, специалиста-гомеопата, со встречи с ней и началось мое второе рождение. Она запретила мне есть все! Оставила только каши на воде, постное

мясо *(да, тогда еще было мясо!)*, свежие овощи и некоторые фрукты!
- Пила я только чистую воду.
- А еще она запретила мазать лицо всей этой дрянью – гормональной мазью и тональными кремами.

Какие страшные ломки я переживала все эти несколько месяцев, один только Бог знает! Красная, толстая зудящая корка на все лицо у 24летней девушки. А надо было ездить на работу... Сколько денег было потрачено на такси, а бедные таксисты и не знали, как на такую красоту реагировать.

Начав лечение в конце ноября, летом на море я уже наслаждалась гладкой кожей. И потихоньку я стала соскакивать с диеты, постепенно, оставив более-менее правильный рацион, я начала есть почти все, ну, кроме совсем уж откровенной бяки в виде чипсов, сухариков и конфет.

Потом беременность, роды, кормление и... аллергия стала возвращаться, внешний вид моей кожи стал портиться. Сейчас-то я уже понимаю, что причиной ухудшения внешнего вида моей кожи стали чистки от водохлебства *(система лечения иранского доктора Батмангхелиджа, подробнее смотрите статью в моем блоге «Целительная сила воды»)*, которое я стала практиковать с первых дней беременности.

Но тогда смириться с этим я не могла, но и к гомеопату ездить с маленьким грудным ребенком или оставлять его я тоже не хотела. Поэтому я решила лечиться сама.

За эти годы я на собственном опыте убедилась, что выражение «лицо – зеркало желудка» справедливо! Что я могла сделать сама для себя? Пересмотреть свое питание, которое на тот момент включало в себя такие нездоровые элементы, как ночные острые бутерброды с салом, мучное в огромных количествах и ежедневное мясо.

Моим первым шагом было раздельное питание *(книга Ар Эддар «Трактат о питании»)*.

Как я победила аллергию. Часть 3

Следующим шагом к победе над аллергией стало неожиданное для меня самой вегетарианство, хотя я всегда считала, что это не для меня – с детства была приучена к ежедневному употреблению мяса.

Тут хочу оговориться — это все веления моего организма. У меня довольно сильная интуиция, и я научилась слушать ее. Сначала отказ от мяса, затем интуитивно от рыбы и от яиц. Качество моей кожи сразу же улучшилось, буквально за 2 недели вегетарианства!

Долго не могла решить с молочными продуктами, отказалась на 2 недели — кожа стала еще чище. Потом решила вернуть их себе — сразу какие-то неприятные ощущения в желудке, тяжесть… В итоге, я – веган. Это был огромный шаг к победе над аллергией.

Параллельно произошел, опять же интуитивно, отказ от мыла и шампуней. Ржаная мука для тела, масло гхи для лица и горчица для волос стали моими лучшими друзьями — кожа стала еще лучше, исчезла сезонная зимняя сухость!

Потом мне на глаза случайно попалась книга, когда-то рекомендованная мне виртуальной подругой *(дорогая, спасибо огромнейшее, ты мне очень помогла!)* «Зелень для жизни» Виктории Бутенко.

Наряду с таким питанием зеленые коктейли буквально творили чудеса! Пила их 3-4 раза в день. Это очень хороший вариант питания в переходный период для людей, желающих в дальнейшем сделать сыроедение стилем своей жизни – коктейли хорошо чистят организм, прекрасно насыщают и дают заряд энергии.

Параллельно я чистила свой организм отрубями — до еды 3 раза в день принимала по 2 столовые ложки обычных пшеничных отрубей, запивая их большим количеством воды.

Изредка делала очистительные клизмы и практиковала суточное голодание. Экстремальных чисток я себе не устраивала, так как все это время кормила сына грудью.

Постепенно я стала обращать внимание на то, что мой рацион на 99% стал состоять из сырых овощей и фруктов, и лишь однажды в день каша, да и то замоченная на ночь в воде, а потом слегка прогретая в пароварке! В то время в моем рационе властвовали овощные салаты и фруктовые нарезки.

Тело само стало стремиться к сыроедению – я не стала препятствовать ему и перешла на сыроедение, а точнее даже на фрукторианство.

Поразительно, но сразу после перехода на сыромоноедение я стала лопать апельсины килограммами, с утра до вечера, без каких-либо последствий на коже — я их около 20 лет не ела толком, вспоминая жуткие покраснения и корки.

Потрясающе! Мое тело само привело меня к здоровью и к победе над аллергией!

Хочу отметить, что весь описанный мною процесс очищения организма и выздоровления касается не только аллергии, но и многих других болезней и здоровья в целом.

Правильная еда, умеренность в питании, чистая вода и отказ от химии — и будем здоровы.

На все замечания скептиков по поводу пользы мяса я только улыбаюсь – лично мне эти продукты ничего хорошего не дали. 😎

Ну и параллельно победить аллергию помогло самосовершенствование — медитации прощения и благодарности *(об этом отдельно и подробно в моем блоге!)*, позитив и вера в то, что я все делаю правильно.

Я смогла победить свою аллергию без традиционной медицины, чего и вам искренне желаю!

Дневник сыромоноедения-фрукторианства. Как все начиналось

О сыромоноедении в Интернете не писал только ленивый. Я таким качеством не обладаю, поэтому тоже пишу — хочу рассказать вам о том, как начиналось наше с 11месячным сыном сыромоноедение.

Однако не хочу быть теоретиком данного вопроса — не близко мне это — систему пищеварения в разрезе под микроскопом рассматривать, представлять себе, как там у нас внутри все устроено до мельчайших подробностей. Пусть этим занимаются более компетентные люди.

Для себя я тогда поняла одну простую вещь — человеческий организм изначально создан для живой еды. С этого в один прекрасный день и началось наше сыромоноедение.

О естественности растительного питания свидетельствуют и логика, и здравый смысл, и позитивные изменения в жизни людей, перешедших на сыромоноедение. И как бы скептики, врачи и ученые не кричали в один голос о пользе и незаменимости мяса, конкурировать с матерью-природой они в моих глазах не способны!

Посему я не буду углубляться в дебри пищеварительных процессов *(кому надо, тот найдет нужную ему информацию о сыромоноедении)*, а просто поделюсь своим личным опытом, как чистый практик. Возможно, эта информация кому-то пригодится...

Да и мне самой захочется потом через много лет перечитать о том, как начинался когда-то мой путь к здоровью и долголетию!

Сейчас, вспоминая и анализируя свое детство, я понимаю, что всю жизнь мечтала питаться именно так. Будучи маленькой девочкой и живя на юге, я каждое лето ела спелые вишни, абрикосы и сливы прямо с дерева. Родители килограммами покупали краснючие мясистые помидоры для закупоривания томата на зиму, ими заполнялась ванная, а меня привлекали к мытью всего этого великолепия — тогда я отъедалась на славу.

Помню, как-то во время процесса консервирования я объелась красным болгарским перцем — такой сладкий он был и сочный — я до сих пор его не могу есть, он лежит в холодильнике, а я все никак — вспоминаю, как потом во рту все горело и какие болезненные заеды были на губах.

Кстати, еще я помню, что мне всегда жалко было, когда мама или бабушка брали свежие ягоды и засыпали их сахаром, а они булькали на огне в огромных тазиках.

Каждый конец лета у нас с подругами был посвящен поеданию молодых грецких орешков, которые растут в нашем городе на каждом шагу. Кожура внутри таких орехов тонкая, светлая и очень сильно пачкает руки, а сама ореховая мякоть белая, сладкая и сочная. 1 сентября на линейке вся наша школа (конечно же, ее детское население!) стояла с коричневыми от чистки орехов руками.

Мои отношения с термически обработанной едой не очень складывались, именно поэтому, отъедаясь в теплое время года фруктами-овощами-ягодами, я втайне мечтала: «Вот бы питаться только ими!». Но меня заставляли есть!

Папа был суров, мясо в нашей семье елось каждый день в обязательном порядке, а мы не смели и пикнуть за столом, а потому я давилась супом «харчо» до рвотного рефлекса — до сих пор этот запах не переношу.

А с каким ужасом я вспоминаю манную кашу — эту жуткую вязкую массу, которую мы с братом, таким же едоком, как и я, заливали вареньем, засыпали орехами и изюмом в надежде хоть как-то скрасить ее вкус, но она становилась только хуже, и мы часами страдали над своими тарелками.

Крик из окна: «Обедать!» портил все настроение от прогулки. Вот, кстати, к мясу ненависти не помню, просто папа — великий специалист по его приготовлению.

Видимо, благодаря такому вот «бытовому насилию» я была абсолютно равнодушна к еде лет до 24. Могла не есть сутками. Помню, лет в 14-15 я уже активно тусовалась с мальчиками, игравшими на гитаре, а моя мама разыскивала меня по соседним дворам и забирала домой, чтобы я поела. Родителей, в принципе, можно понять — я была худенькая с хронической пищевой аллергией.

Это гастрономическое равнодушие очень помогало мне в студенческие годы, когда я параллельно работала официанткой в прибрежном летнем кафе и сдавала сессию. Девочки-коллеги глотали слюнки, вынося посетителям жаркое, а я спокойно попивала чаек, и тем была сыта! Все заработанные деньги тратились на гульки в тех же прибрежных ночных клубах после окончания смены.

Бурная молодость, как и у многих, была наполнена чипсами, курами-гриль, сухариками, «дошираками» и «анакомами», что негативно отразилось на моем ЖКТ. Все эти годы с рождения моя кожа на лице отражала последствия «традиционного» питания *(я с рождения искусственница, выкормлена коровьим молоком с детской молочной кухни)* — она шелушилась, краснела, покрывалась корками, а в подростковом возрасте еще и прыщами сверху.

Свое дело сделали и многочисленные лечения у аллергологов, дерматологов, диетологов, а также мази, таблетки, уколы, пивные дрожжи, настойки, лосьоны «клерасилы» и прочие чудеса фармпромышленности.

Итогом всего этого великолепия стало то, что в 17 лет я уже не могла обходиться без гормональной мази *(кожу в прямом смысле этого слова «ломало» без нее!)* и не могла выходить на улицу без тонального крема и пудры. Мой тогдашний молодой человек за почти 4 года (!) наших отношений ни разу меня не видел без слоя всей этой штукатурки на лице. Страшно?!

Все начало меняться в 24 года, когда у меня начались и, собственно, закончились вторые в моей жизни серьезные отношения, плюс я бросила курить, стала более домашней. Тогда-то я насильно и приучила себя к режиму питания, заставляла себя завтракать *(чего раньше не делала!)*, обедать и ужинать. Постепенно я стала, что называется гурманом, полюбила готовить.

Но параллельно я обратилась за помощью к врачу-гомеопату. Этот день — 21 ноября 2007 года — я и считаю точкой отсчета своей новой жизни! С того же дня началась и эволюция моего питания.

Дневник сыромоноедения-фрукторианства. Один месяц.

Начинаю жить:)

Итак, 23 апреля 2011 я перешла на сыромоно *(стремлюсь к фрукторианству!).* Скажу честно, цели такой не было, но в январе на новолуние *(есть такая очень действенная волшебная методика)* я загадала желание правильно питаться и есть только полезную и здоровую пищу.

Загадала и забыла, а оно закрутилось! Раздельное питание — вегетарианство — веганство — сыроедение — СЫРОМОНОЕДЕНИЕ. Такое ощущение, что я, наконец, в свои 28 лет узнала истину, сняла пелену с глаз, прозрела...

Все получилось очень естественно. Я даже в день начала моего сыромоноедения замочила чечевицу, намереваясь вечером сварить любимый супчик, но потом резко вышвырнула это все, и начала новую жизнь.

Изменения я почувствовала сразу — на следующий день была Пасха, ну и, как водится, родительский изобильный стол. Эта была первая проверка, которую я с честью выдержала, празднично обедая лишь помидорами. Правда, стоило мне это небольшой стычки прямо за праздничным столом с мамой, сутки до этого готовившей угощение, и ее обиды... Но это ведь моя жизнь!

Зато после обеда вся семья, как всегда, штабелями валилась поспать, все хватались от переедания за животы, а я прислушивалась к небывалому чувству сытости, но в то же время легкости — было столько энергии! И закрутилось...

Вставала рано, делала зарядку, завтракала сочными апельсинами, писала с утра по 5-6 статей, потом гоняла с сыном на руках на рынок *(еда моя потяжелела на СМЕ — пару кило помидоров, связки бананов, море апельсинов, на которые, кстати, всю жизнь была аллергия, плюс мужнины сметаны, курицы и проч.),* готовила мужу (!!!), убирала, шли с сыном на многочасовые прогулки, укладывала сына и снова писала статьи, вечером снова прогулки, потом вечерний сон сына, а я скорее к ноуту — читать взахлеб о СМЕ *(сыромоноедении)*. И все это бодренько, живенько, оптимистичненько, радостно!

- Спать и не хотелось, при том, что ночью я еще встаю высаживать дитя.
- Почти сразу и резко улучшилось состояние моей многострадальной кожи *(была, правда, и очистительная сыпь, вот, например, сейчас опять чистка идет — высыпало)*,
- почти сразу пропал запах изо рта и неприятное ощущение во рту после пробуждения *(у меня дырка в зубе полгода — все никак не доберусь до стоматолога — сына не с кем оставить, да и ГВ — не хочу особо никакие уколы делать)*,
- зубы стали белее и какими-то блестящими,
- исчезли запахи от тела — душ после зарядки перестала принимать.
- Похудела резко и сильно — килограмм около десяти точно ушло *(при моих-то тонких костях, росте 166 см я похудела с 55 до 45 — зрелище печальное!)*. Именно из-за этого я и сопротивлялась сыромоноедению поначалу — всю жизнь худая была, только после родов стала на человека похожа. Но успокоила себя тем, что этого временно, примерно после полугода чистого СМЕ вес наберется, но не жировыми отложениями и целлюлитом, который появился на последних месяцах беременности, а чистой мышечной массой! Ждем-с!
- Уровень сознания стал, как бы это сказать, выше что ли. Он стал другим — работоспособность повысилась, интуиция усилилась, раздражительность стала гораздо меньше, любовь к мужу и сыну усилилась *(кстати, муж-мясоед полностью поддерживает и защищает от нападок родни!)*, острее стала чувствовать фальшь, перестала общаться с теми людьми, общение с которыми тяготило, могу часами просто сидеть с сыном на природе и наслаждаться жизнью.

В общем, жизнь стала какой-то истинной, настоящей что ли, без шелухи. Бывали дни, когда дико хотелось спать, не было сил, пару раз хотелось цапнуть привычной пищи — тогда я просто брала и нюхала ее! Но это только начало, основная чистка впереди.

В общем, отступать не собираюсь, ведь я только сейчас по-настоящему начала жить. Качество жизни полностью соответствует куче моих амбициозных планов — это такое счастье!

23 мая 2011 года

Дневник сыромоноедения-фрукторианства. Два месяца

Не учите меня жить...

Вот я уже двухмесячная представительница СМЕ, в основном чистая фрукторианка. Срывов нет! Ооооооочень редко подкатывает тоска по бяке — все ж таки мужу каждый день готовлю и по магазинам хожу, шутка ли — но у меня свой способ борьбы со срывами.

Если обуяет ностальгия по варенке, я ее просто... нюхаю. Столько, сколько понадобится, а потом преспокойно и с удовольствием точу свой апельсин.

За этот месяц мой организм, наконец, понял, что я не шучу, и стал активно чиститься, в результате чего я вся, пардон, опрыщавилась. Но я другого расклада и не ждала, ведь, собственно, кожа — мое слабое место. Так что пока вся она не почистится, организм мой ее в покое не оставит.

Зато эти кожные обострения переносятся психологически легко. Если раньше я судорожно искала панацею от сыпи и раздражалась, то теперь я просто преспокойно пережидаю «бурю», зная, что скоро все эти кошмарные 28 лет с плохой кожей останутся в прошлом!

Кстати, по поводу психологического состояния... Уж как меня прессуют окружающие. Все, ну просто все считают своим долгом брякнуть о том, как я похудела! Да, похудела, но мне совершенно недосуг объяснять всем и каждому, что это прыщаво-костлявое нечто замещает красивую меня временно — на время чисток организма.

Сыромоно свое я не афиширую и уж тем более не спасаю человечество от вареной еды. В этом плане я индивидуалистка, нужна помощь — всегда рада предоставить информацию, море информации, но спасать себя вы будете только сами...

Зато меня спасают все. Про родителей и писать грустно. Болеют, а жить учат... Дай вам Бог здоровья, мои дорогие! Особенно возмущается «общественность» по поводу сына. Как так без кашек и пюрешек растет парень? Чем он лучше остальных?

А вот поехала я к своей подруге-гомеопату в профилактических целях дитятю показать. Электропунктура *(полная компьютерная диагностика)* показала, что здоровье у сына идеальное. По параметрам роста-веса ничего не могу сказать *(в детскую поликлинику давно не ходим и документы-таки забрали!)*, однако сынуля вытянулся и довольно упитан. Молоко мое он, конечно, ест, но только дважды за сутки — на дневной сон и ночью прикладывается пару-тройку раз.

Все остальное время наслаждается со мной, когда сам захочет, сочными розовыми деревенскими помидорами, местной душистой клубничкой, спелой черешенькой, сладким авокадо, горошек молодой грызет, гречку зеленую пророщенную хрумкает, ближе ко сну любит заточить целый банан.

Еще буквально за последние три дня резко стала меньше спать. Если раньше я с удовольствием прикладывалась к подушке днем в обнимку с сыном, то теперь это время я трачу на чтение книг. И прекрасно высыпаюсь ночью, при этом вставая высаживать раза 2-3 сына. Сегодня вообще в 5 утра проснулась и все — сижу вот строчу этот отчет.

Зато с мужем-мясоедом какая идиллия. От всех защищает, любит мои торчащие костяшки и прыщички, фрукты-овощи таскает, сам салатики каждый день кушает. В связи с сыроедением у меня такой резкий скачок в сознании произошел, как будто очки розовые сняла, аж боязно. Зато, наконец, стала целиком и полностью понимать мужа, а раньше какие-то его убеждения были просто недосягаемы.

Скажу честно, влюбилась в это умище заново. Меня всегда в мужчине интеллект возбуждал, но я не думала, что мне НАСТОЛЬКО повезло со спутником жизни!!! В общем, несмотря на костляво-прыщавые неурядицы, жизнь прекрасна! Сыромоно дается легко, интуитивно чувствую, что вектор задан правильный, это «мое»!

23 июня 2011 года

Дневник сыромоноедения-фрукторианства. Три месяца

Продолжаем выяснять...

Ура! Три месяца! Этот месяц был поистине ужасен... Начался он со ссор с родителями — выяснения отношений по телефону с папой, споры с мамой...

Вдобавок я целый месяц ходила с жуткой сыпью на лице — кожа шелушилась, трескалась, была покрыта болючими красными пятнами. А вся челюсть, шея и спина были усеяны мелкими прыщиками, брррр!!!

Плюс ко всем этим прелестям муж через морковку заразил мелкого герпесом, у него были температура и стоматит *(кстати, его первая болезнь и, надеюсь, последняя!)*, ко мне эта зараза перешла на грудь — боль адская. Короче, неделю не жили, а существовали — малой на руках и у груди непрерывно, а я в прострации от боли. При этом я скрывалась от родителей, чтобы не слышать их: «Ага, это от отсутствия кашек в организме!!!».

А еще началась жара, но вроде как переносится полегче, чем в прошлом году. Бывают приступы сильной слабости, например, сегодня утром, посему пришлось досыпать днем...

Из положительного: стали много гулять по утрам — учу сына ходить за руку, не убегать, ходим много, в душе — гармония и умиротворение. Прыщики почти сошли, кожа на лице очистилась почти полностью *(надеюсь, это была ее последняяя чистка — шутка ли, месяц образиной ходила)*. Папа успокоился, по крайней мере, молчит! С мамой разругалась в пух и прах — желания видеться пока нет, просто потому что устала от этого, взяла тайм-аут!

Ощущение такое, что не три месяца, а всю жизнь питаюсь так! Это мое-премое. Да, научилась, благодаря утренним прогулкам не есть до 12, и перерывы подольше делаю — часа 2-3. Стала контролировать количество — нахожу в себе силы оставить 2 последних помидора, а не съесть их через силу. Тогда меня одолевает необычайная гордость и ни с чем не сравнимое чувство умеренной сытости.

Орехи и злаки исключила, решила до полугода СМЕ побыть фрукторианкой — активно чиститься сочными продуктами — сейчас вот дыни-арбузы-помидоры-апельсины. Воду пить все же перестала и не страдаю — прониклась мыслью о том, что она мертвая. Да и не хочется, ведь есть арбузы. Вот такая моя счастливая сыромоножизнь!

23 июля 2011 года

Дневник сыромоноедения-фрукторианства. Четыре месяца

Арбузы, чудеса и трансерфинг

Четыре месяца! Я почему-то, когда начинала сыроедить, по непонятной мне причине, ждала именно августа. Но теперь мне все стало ясно: я стала набирать вес в начале августа практически на одних арбузах.

Меня просто-таки преследовали со всех сторон еще до начала моего СМЕ эти невероятные истории о том, как люди набирали вес на одних арбузах. Видимо, отложилось это в моем подсознании и сработало в нужный момент! В итоге, килограмма полтора я наела. А вообще, это какая-то арбузная истерия и самое настоящее фрукторианство! Сначала мне хватало 10 кг на 2 дня, потом на день. Видимо, организм затребовал основательной чистки, потому про кожу и писать не буду *(так ужасно она чистилась в этот месяц)*, зато попа реально на арбузах налилась. Вот и не верь после этого в чудеса!

Главное открытие месяца — трансерфинг *(автор – Вадим Зеланд)!* Ну, как сказать «открытие», вообще, это моя третья попытка жить целиком по трансерфингу *(частично я и так по нему живу всю жизнь!).* Первые две получились довольно кратковременными, а вот эта, благодаря сыромоноедению, очень удачная — я так подозреваю, чудо набора веса случилось именно благодаря ему.

Я просто приняла свое похудевшее тело, полюбила его заново, а оно ответило мне взаимностью и набрало вес. Год назад такие быстрые результаты мне и не снились, видимо, уровень сознания не дотягивал тогда еще. А сейчас я могу смело заявить — СМЕ и ТС — созданы друг для друга, ведь недаром сам Зеланд агитирует всех читателей переходить на сыроедение.

Все понимается легко, что-то воплощается в жизнь, делаю энергетическую гимнастику по Зеланду вполне успешно. В общем, довольная я и сытая. И сижу вот ночами теперь, потому что энергия прет, чего и вам желаю!

23 августа 2011 года

Дневник сыромоноедения-фрукторианства. Пять месяцев

Отличница!

Вот уже 5 месяцев СМЕ. Все жду, когда прекратится жор и жру килограммами. Особенно ближе к ночи — сейчас вот с виноградом фрукторианю. Странное дело — кризов нет! Ну, кожа лица не в счет, она чистится непрестанно!

В этом месяце у меня была отличная возможность проверить способности своего организма на СМЕ — пошли мы в поход в горы под Геленджиком в самую жару, в начале пути я еще сына несла на руках (10,5 кг), потом. правда, муж тащил, а я налегке.

Но я по жизни хилая, и это был мой первый поход, тем более, горный. Так вот, тусовались мы в горах часов до 15, потом до остановки шли, приехали в город, я сына в охапку взяла и с остановки сразу на пляж. Несла его на руках несколько км, потом искупались и обратно на руках же *(он на отдыхе отказывался ходить пешком — курортничек!)*.

Пришли мы домой часов около 19, поели и сразу в гости к соседям, а там постоянная беготня за малышом — как бы чего не разбил! В итоге, домой попала часов в 12 ночи. Получается, весь день на ногах, да еще как! И ничего, никакой усталости и измождённости. Раньше я бы в горах рухнула уже.

А еще тянет на лук и чеснок, иногда с помидорами ем эти сыромоновредности, понимаю, что это не моно, пытаюсь бороться с собой. Стала появляться легкая грусть по варенке, но знаю, что не вернусь, не смогу просто, как раньше, потому и не лезу в срывы.

Сынок почти неделю сопливит без видимых причин — то ли зубы, то ли чистка. Бодр, весел, температуры нет — видимо, все же чистится потихоньку и сыромоноедик мой. Мужу сегодня рататуй готовила, чуть с ума не сошла от запахов — как же я любила все это раньше! Понюхала и стала точить виноград. Благо, вкуснейший местный огромный по 30 рублей — сразу попустило.

23 сентября 2011 года

Дневник сыромоноедения-фрукторианства. Шесть месяцев

Полгода сыромоноедения: первый этап позади!

Вот и первая круглая дата моего сыромоноедения. Вроде бы так мало времени прошло, но «полгода» звучит как-то внушительно и заставляет гордо распрямлять плечи, между прочим, красиво накачанные плечи. Но обо всем по порядку...

Итак, за полгода моего питания живой пищей со мной произошли следующие метаморфозы:

- сначала я, как это и водится у сыроедов, похудела до скелетообразного состояния, чем жутко напугала своих родителей и свекровь (муж почему-то не испугался и остался жить со мной в любви и согласии!);

- после третьего месяца СМЕ я немного набрала вес практически на одних арбузах и розовых помидорах, чему я несказанно рада! кстати, вес начал набираться именно после того, как я отпустила эту проблему, перестала париться и приняла свое тело *(я долго училась принимать его, стоя перед зеркалом — получилось!)*;

- я продолжила делать утренние упражнения, начатые еще на вегетарианстве *(февраль 2011)*, однако на СМЕ нагрузки возросли неимоверно, а ошеломительные результаты стали проявляться прямо на глазах;

- тело приобретает красивые рельефы, постепенно получается аккуратная спортивная подтянутая фигура, о которой я всегда мечтала, но ленилась заморачиваться по этому поводу *(и так всегда была стройна!)*. И, видимо, за счет мышц я еще немного округлилась, что, конечно же, радует и меня, и мужа;

- я не сорвалась на термообработанную пищу ни разу, что является предметом моей особой гордости и это при том, что я каждый день имею с ней дело, готовя мужу, шляясь по маркетам и торговым центрам. Даже папе несколько раз котлеты жарила. Я просто

перестала воспринимать это как пищу — нюхаю ее, а сама виноград ем или хурму, зачем мне их котлеты?
- несколько раз было отступление от чистого моно — это был мой летний луково-чесночный период, ела лук или чеснок вприкуску с помидорами, один раз лук с зеленой гречкой. Но и это позади, а то, признаюсь честно, желудок бунтовал от такого угощеньица;
- но зато были длительные периоды чистого фрукторианства — то к чему я, в принципе, хотела бы прийти в своем питании;
- по поводу кризов не могу ничего конкретного написать — в самом начале пути несколько раз была легкая слабость, сейчас вот ухо воспалилось, подтекает.
- Ну, и, конечно же, кожа! Вот это кризы так кризы — чистится регулярно, систематически, за улучшениями следуют такие ухудшения, что и смотреть-то на себя страшно *(какое счастье, что я тогда смогла себя принять свое тело и свою кожу такими, как есть — ведь это все временно!).* Вот в данный момент отмечаю полугодие очередной коркой на лице и жуткими заедами вокруг рта, бррр Но каждый раз испытываю облегчение — все-таки шлаки из организма выходят;
- энергии масса, бьет ключом, куча планов, идей, свершений, желаний, встаю легко, засыпаю быстро, в течение дня бодрая и выносливая — таскаю 11 кило своего счастья одной рукой на бедре плюс увесистые сумки с покупками в другой руке. Спина не болит, руки не отваливаются! И это при моей-то субтильности... Кстати, после занятий спортом мышцы не болят, как бы сильно я их не нагружала!
- жор не прекращается, но я поняла, что эта проблема чисто психологическая — когда я на улице или занята дома, то о еде не вспоминаю, а уж если сижу за ноутбуком или, что еще страшнее, кино смотрю, то руки так и тянутся слопать килограммчик-другой фруктов.
- И еще: я ем ради вкуса! Вся моя еда вызывает у меня такой восторг. Как ребенок, дорвавшийся до сладкого. Ведь раньше как было: купили персиков килограмм, съели штуки по 2-3 — типа десерт, а тут 3-4 килограмма персиков полностью в твоей власти, вот и повелеваю ими до обжорства. Сейчас стараюсь регулировать это дело: не ем до 12, пытаюсь выдерживать паузу часа в 2 хотя бы. День получается, три дня потом объедаюсь — в общем, работы над собой еще много;

- сознание стало невероятно чистым, многие вещи стала воспринимать по-другому, наконец, в полной мере освоила трансерфинг, активно практикую его, чутко реагирую на фальш, на ненужную шелуху, на какие-то пустые людские телодвижения, на суету на пустом месте. Разрушила для себя множество стереотипов, стала спокойнее, уравновешеннее, дисциплинированнее. Жутко напрягают фильмы с псевдоглубокими идеями, стали неинтересны передачи типа «Прожекторперисхилтон», «КВН», «Большая разница», которые раньше с удовольствием смотрели с мужем в сети. Сына стала чувствовать еще лучше, что несказанно радует, наслаждаюсь мелочами — солнцем, дождем, утренней зарядкой — да мало ли в жизни приятных бонусов?!

- очень много появилось знакомых сыроедов, в том числе, и мною затянутых в эту «секту». В сети меня окружают люди на моей волне, общаться с ними — превеликое удовольствие, я прям купаюсь в этом общении, хотелось бы и в реальной жизни побольше таких светлых личностей;

- сынок-сыромоноедик здоров, весел, бодр и смышлен, кушает хорошо — столько, сколько хочет и когда хочет, запивая все это дело моим молоком.

Ну, вот как-то так прошли полгода моей новой жизни. Вроде и срок приличный, а понимаю, что я только в самом начале своего пути — и впереди еще много всяких чисток, перестроек организма, ну и приятных бонусов в виде красивой кожи, отличной фигуры и крепкого здоровья! Так что едим сырые фрукты моно и дальше!

23 октября 2011 года

Дневник сыромоноедения-фрукторианства. Семь месяцев

Сегодня ровно семь месяцев нашего с сыном питания исключительно живой растительной пищей! Хоть я и пыталась вернуться к своему изначальному питанию только фруктами, однако ж, фрукторианство мое в этом месяце безнадежно съехало в сторону сыромоноедения.

Виной тому — зеленая гречка, на которую меня тянет со страшной силой... Просто я — не сладкоежка и никогда не была ею, вот почему питание одними только сладкими фруктами периодически вгоняет меня в тоску! Овощей мне не хочется вообще, тем более что они сейчас тоже все сладкие — свекла, морковь, тыква. Летом спасалась помидорами, теперь вот гречку пророщенную наворачиваю.

Наконец, попробовала топинамбур — вкусная вещь, только ужасно напрягает чистить эти кривули. А вот сын его как-то не особо оценил, зато продолжает тащиться от мягкой хурмы, перышек зеленого лука, бананов и киш-миша. Вчера, наконец, купила ему его обожаемое авокадо, до этого не могла хорошее найти.

Сегодня делала мужу свекольный салат, положила сыну в тарелочку натертой свеклы, сырой, естественно. Замечательно он ее похрумкал, хотя обычно я ему ничего не тру и кусками даже не режу, целиком грызет. И получился он после свеклы такой румяный-прерумяный, с бордовыми щечками.

Весь месяц я ходила с жуткими высыпаниями на лице, с болючими заедами в уголках рта, а буквально три дня назад кожа резко, в одну ночь, очистилась и стала очень нежной, гладкой, розовой, очень приятной и свежей! Заеды почти прошли!

Пару раз чистилась печень, когда я ела большое количество чего-нибудь сочного — винограда, например, или яблок. Вес потихонечку набирается, медленными темпами, но набирается. Ну, помогает, конечно же, мой комплекс упражнений по накачиванию мышц — все рельефнее и рельефнее. Я довольна!

Одно время получалось кушать меньше — совсем мало — 3-4 раза в день маленькими порциями! То-то хорошо было, экономно, а сейчас вот опять прорвало — ем, как невменяемая... Сейчас вот напала на чищенные грецкие орехи на ночь глядя. Продолжаю самосовершенствоваться в этом направлении!

Вот-вот настанет наша первая сыроедческая зима — как-то мы ее переживем?! Пока не мерзну, все в порядке, не холоднее, чем всегда. Думаю, успешно перезимуем.

23 ноября 2011 года

Дневник сыромоноедения-фрукторианства. Восемь месяцев

Наконец, кризануло!

Восьмой месяц моего сыромоноедения получился презабаным и очень насыщенным событиями. Первые две недели радовали меня почти идеальным состоянием кожи.

А еще небывалым энергетическим подъемом, гармонией вокруг меня, четко отлаженным удобным мне режимом для — вставала в 7 утра делать зарядку, потом работала до пробуждения сына, много гуляли, уделяла много времени отношениям с мужем, спать ложилась в 22-23! Ела умеренно, без жоров. О чем еще мечтать?!

В середине месяца настиг меня, наконец, первый серьезный криз — до него были незначительные мелочи вроде слабости в самом начале СМЕ, болей в зубах, болевшего уха... Чистки кожи всегда идут сильные, но волнами, а потому кризами их не считаю — это то, что было ожидаемо!

А тут вдруг среди ночи нечто подняло меня и вывернуло наизнанку. Слабость, тошнота, днем отвращение к еде, а к ночи невероятный жор всего сырого, что попадалось под руку. Так было два дня подряд. Параллельно к ночи начинали болеть все зубы, раскалывалась голова, вновь заболело ухо, и из него что-то потекло, ночами потела, просыпалась мокрая и дрожащая. И, конечно же, кожа лица воспалилась, покрылась красными пятнами и корками, зашелушилась, а волосы стали жирными.

Все это прошло так же внезапно, как и началось — сегодня кожа вновь близка к идеальной, энергии море, есть стала меньше — организм как будто сам останавливает, контролируя количество пищи. Вот съела хурмы 5 штук по привычке и чувствую, что даже многовато... А раньше могла в один присест и 8-9 слопать!

Читала где-то про кризис 8 месяцев — не знаю, правда ли, может, я себе запрограммировала его, но он со мной случился! И вроде как после этого криза сыроед может быть сыт парой яблок — почти все сходится, в моем случае это 4 хурмы *(та пятая все же лишняя была!)*. Вот таким получился мой восьмой месяц натурального питания!

23 декабря 2011 года

Дневник сыромоноедения-фрукторианства. Девять месяцев Ломки...

Какой тяжелый месяц... А началось все с торта... Хорошо хоть с сыроедческого торта, который я вознамерилась приготовить своим коллегам на корпоративную предновогоднюю вечеринку!

Итак, найден был рецепт, обнаружены действительно хорошие, похожие на натуральные, финики *(негативных колебаний после их употребления в организме не выявлено!)*, торт был успешно сделан и съеден на вечеринке.

Вот тут-то все и началось. Начались самые настоящие ломки, которых я успешно избежала во время своего непреднамеренного, плавного и осознанного перехода на сыромоноедение, а потом на фрукторианство. Меня стало дико тянуть приготовить что-нибудь этакое, я рыскала по сайтам с сыроедческими рецептами, ломала голову над новогодним рационом, хотя изначально планировалось монозастолье.

В итоге я опробовала острый салат с манго, чечевичный сырой суп с карри и сделала своим родителям еще один сыроедческий торт *(кстати, сынок все эти «деликатесы» брезгливо отверг — видимо, его ломки обошли стороной)*. Дальше — больше! Меня дико потянуло на соль — я стала есть капусту с солью, однажды даже заквасила ее *(без термообработки, конечно!)*, потом поймала себя на мысли, что мне стали приятны некоторые запахи вареной еды.

Вот тут-то я и спохватилась, четко отдавая себе отчет в том, что я делаю. Я сразу вспомнила обсуждение с единомышленницами одной душещипательной истории о сыроеде, который после 8 месяцев без срывов скатился до мяса. Тогда мы недоумевали, как на таком сроке сыроедения можно вернуться к прежней жизни?!

Ох, можно, еще как можно! Если вовремя себя не стукнуть по головушке, чтобы в чувства привести... На таком сроке уже привыкаешь к бонусам сыромоноедения, натуральные вкусы немного приедаются, начинается необдуманная погоня за ощущениями — разок соль поем, разок смешаю салатик, разок тортик приготовлю... Это очень похоже на описание срывов на вареное, только в моем случае с сырого на сырое.

И на душе плохо, и остановиться не в силах, и ругаешь себя, а руки все тянутся и тянутся приготовить нечто этакое, чтобы потом, обещая себе, что это в последний раз, съесть.

Самое интересное то, что ведь и уже достаточно очищенному сыромоноедением организму моему радостно не было от этих экспериментов — тяжесть, сонливость, даже тошнота. Кстати, я до сих пор чувствую какой-то упадок сил, режим у нас с сыном как-то неудобно сместился — встаем в 11, ложимся в полночь, и все никак нет сил выправить это безобразие!

Параллельно продолжались чистки — все то же ухо, все та же кожа...

В общем, кое-как, благодаря неимоверным усилиям воли и здравого смысла, мне все же удалось вернуться к чистому сыромоноедению, выбросив из дома всю морскую соль, и внушив себе, что лук и чеснок на таком сроке сыромоноедения — скорее вредны, чем допустимы в рационе. Поплатилась я за отхождение от моно затяжными жорами, как в самом начале пути.

Но лучше уж жоры моно, чем все эти деликатесы! Зато я неожиданно открыла для себя сырые шампиньоны, вспомнив, что любила их сырыми *(правда, тогда с лимонным соком или соевым соусом!)* еще задолго до моего знакомства даже с теорией сыроедения.

Вот такой опыт я получила в этом месяце моего сыроедения. Теперь-то уж я точно могу сказать, что моно рулит, по крайней мере, для меня.

23 января 2012 года

Дневник сыроедения. Десять месяцев

Временное отступление от чистого моно

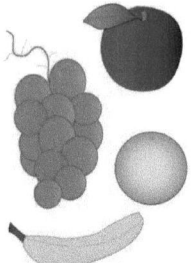

Сегодня исполнилось 10 месяцев моему сыромоноедению. Хотя, каюсь, в этом месяце не совсем и моно.

Я как-то проще стала относиться к еде. Если раньше я фанатично выдерживала паузы между приемами пищи, по крайней мере, старалась это делать, то сейчас, если мне хочется смешать два ингредиента, то я это делаю.

Другой вопрос, что мне этого хочется очень и очень редко, да и после такого смешивания наступает состояние тяжести и сонливости. Я не отрекаюсь от сыромоноедения, по-прежнему считаю его самым идеальным питанием, по-прежнему на 99% питаюсь именно моно. Отступления мои не страшные, в основном в форме простеньких коктейлей, маринованных по-сыроедчески грибов и двухкомпонентных салатов.

Знаю, что летом снова буду 100% сыромоноедом, а сейчас, зимой, когда вкусовых ощущений не так уж много, когда гуляем намного реже и меньше, руки сами тянутся что-то этакое смешать.

Кстати, за почти год чистого сыромоноедения вкусовые рецепторы стали настолько чувствительны, что при изобретении своих рецептов сыроедения, мне удается подбирать интересные комбинации из двух-трех ингредиентов.

По крайней мере, мне, пробующей на зуб все представленные в блоге сырые рецепты, и тем, кому я скармливаю свои сыроедческие блюда, эти сочетания нравятся.

Фрукторианство мое, видимо, отложено до лета, так как я плотно «подсела» на фундук и кедровые орешки. Стараюсь есть их не больше горстки в день, но не всегда получается — настолько они сейчас вкусны для меня!

Никак не распрощаюсь с хурмой... Казалось бы, забуду, смирюсь, что она уже отошла, а потом случайно наткнусь на нее и покупаю по 4 килограмма. Так было и вчера — слопали с сыном за день 2 кило «королька»! Вообще, я бы только одной хурмой и питалась, что я практически и делала все эти почти 4 месяца!

Вот она сила сыромоноедения — когда можешь месяцами есть что-то одно!

Чистки небольшие продолжаются, как всегда на коже, но уже нет критических состояний, опять беспокоило ухо. Кстати, я вдруг осознала, что ни разу не болела за эту зиму! Это на меня точно не похоже — раньше стабильно каждую зиму тяжелейший двухнедельный грипп, иногда по 2 раза за сезон, как в прошлом году, например.

Единственным годом, когда я не болела, был год беременности, но это было жгучее желание выносить здорового ребенка, а потому я спокойно ездила всю зиму с животом в кашляюще-чихающем трамвае.

Сын удивил меня не меньше. Малыш очень сильно порезал пальчик бритвой, до которой, наконец, смог добраться, когда я отвернулась. Крови было море — там как будто даже кончик срезан был. Прижали, замотали, каждый вечер со слезами повязку меняли, через три дня он сам снял бинт, а там красота — все зажило, все сухое, нарастает новая кожица. Вот так быстро и легко — уж не знаю, имеет ли это чудо отношение к сыромоноедению, но мы все были удивлены!

Вот таким был мой 10 месяц новой жизни! Да, кажется, я еще поправилась, на орехах-то!

23 февраля 2012 года.

Дневник сыроедения. Одиннадцать месяцев

Сегодня уже 11 месяцев моего сыромоноедения. И этот день я встречаю с радостью и воодушевлением, и вот почему!

В самом начале своего сыромонопути я очень сильно похудела. Муж много шутил по этому поводу, подкалывал. А я вроде и смеялась, но в душе переживала. Потом, после четырех месяцев чистого фрукторианства, я набрала 1,5 кило на одних арбузах и немного успокоилась.

Я отпустила эту проблему и просто жила, ела сырое и не мучалась. Зимой я подсела на банановые коктейли — просто несколько бананов смешивала в блендере с водой *(получается очень вкусный и густой фруктовый йогурт!)*. Всегда получалось так, что я выпивала большой стакан этого коктейля сразу после тренировки — и вот результат!

Оказалось, что за зиму я набрала на этих банановых йогуртах 9 килограмм, и мне от этого по-весеннему радостно!

Отступления небольшие от моно были — когда готовила свои сыроедческие блюда и немного пробовала, но оно того стоило — не могу же я расхваливать читателям то, чего сама не ела!

Только вот жоры меня никак не отпускают — физически я давно яблочком в день могу наедаться, я знаю и чувствую, но руки так и тянутся килограммчик умять *(мамы, не кормите детей насильно, иначе потом они вот так будут страдать!)*. А мое, ставшее на сыромоноедении умным, тело мстит мне за обжорство — выпячивается животом!

Утром встаю с плоским животиком, а как только поем, живот становится большим, и ничем ты его не сдуешь. Оно и понятно — мое тело давно рассчитано на малое количество пищи. Что ж, продолжаю работать над собой в этом направлении — думаю, долгие весенние прогулки мне помогут!

Кожа все еще иногда подчищается — думаю, этот процесс еще затянется на годик-другой — уж больно много всего я на нее понамазывала за свою прошлую жизнь! Зато общее состояние ее без чисток — гладкая, нежная, матовая — никогда у меня такой кожи не было. И на теле такая же — хотя об этом я пишу каждый месяц — хвастаюсь.

Кстати, аллергия моя точно ушла! На днях я получила сырые какао-бобы, ела их, и никаких высыпаний на моей коже от них не было. Кто не знает, я была лишена шоколада почти всю свою сознательную жизнь — теперь вот на сыроедении наверстываю, грызя натуральные шоколадки — сырые какао-бобы. Вкуснятина!

Вот такой оптимистичный получился отчет. Набор веса явно свидетельствует о том, что организм стал, наконец, в полной мере усваивать все, что нужно, из сырой растительной пищи, то есть, перестроился на нее. А это значит, что основные чистки в моем теле прошли — теперь, думаю, просто будет изредка подчищаться кожа.

Ну, все, пошла качать пресс!

23 фераля 2012 года.

Дневник сыромоноедения-фрукторианства: мой большой годовой отчет

Ровно год прошел с того момента, когда я, откинув все свои страхи и стереотипы, перешла на сыроедение, точнее, на сыромоноедение.

♥ **Год сыроедения — с одной стороны, довольно внушительная дата, а, с другой, я только сейчас стала понимать, что это лишь самое начало большого, трудного, но очень интересного пути.**

А сегодня я подвожу промежуточные итоги своей новой жизни.

Срывы
За этот год я ни разу не попробовала термообработанную пищу, не лизнула даже, только нюхала иногда усиленно, когда хотелось чего-то вредного!

Один раз покупала на пробу стакан бразильских орехов — от них в желудке было как-то не по себе. А потом я узнала, что все бразильские орехи в нашей стране термически обработаны! Пожалуй, это единственный неживой продукт, съеденный мною за год.

Были отступления от чистого сыромоноедения — периодически пью зеленые коктейли, пару раз ела капусту с солью *(после соли сильно болел желудок!)*, пробовала на вкус свои рецепты сыроедения, в самом начале сыроедения был период, когда мне все хотелось есть вприкуску с луком и чесноком — видимо, какая-то антипаразитарная чистка внутри происходила.

А еще, в самом начале сыроедения, я не всегда могла выдерживать нужные паузы даже в полчаса — такие были приступы переедания, когда тело только училось жить на сырой пище.

Зимой покупала и ела финики раза 3-4, но после них неприятных ощущений не было, из чего сделала вывод, что они живые, тем более, мне неодократно говорили о том, что в таких финиках заводятся букашки — это говорит об их пригодности в пищу!

Переедания
На сыроедении мое отсутствие чувства меры проявилось особенно ярко. Очень много ела в первые полгода сыроедения — могла жевать весь день с промежутками в полчаса. После 7-8 месяцев сыроедения стало чуть полегче, ем не так много, но все равно бывают какие-то периоды помутнения рассудка, когда готова сметать все сырое на своем пути.

Тяжелее всего в этом плане было зимой, когда мало гуляли и много торчали дома, на кухне, рядом с нашей фруктовой корзинкой. Плюс редкие для нашей местности холода с временным отсутствием горячей воды вынуждали согреваться большим количеством бананов и орехов.

В общем, в этом направлении работы еще очень много, но работы психологической. Я прекрасно могу наедаться двумя яблочками и тремя апельсинчиками в день, однако рука все тянется и тянется к большему количеству еды. Когда же я практикую осознанное питание, придерживаюсь всех его принципов, то проблем с количеством пищи не возникает!

Вес
Я всегда была худощавой, с очень тонкими костями и практически без жировой прослойки. Почти 10 лет я весила 45-46 кг. За время родов набрала 20 кг, а после них, наконец, округлившись, я весила примерно 55-56 кг.

В самом начале сыроедения вес снова упал до 44-45кг, через 3 месяца чистого фрукторианства он поднялся до 46 кг, а затем за зиму, в мой бананово-ореховый период, я набрала 9 кг, и стала весить 54-55 кг. Потом я немного схуднула.
Сейчас я вешу 50-51 кг, что меня вполне устраивает!

Кризы
Уж не знаю я, что послужило тому причиной, только вот особых очистительных кризов у меня в этот год так и не было. Была легкая кратковременная слабость в самом начале сыроедения, несколько раз текло из уха, потела раза 3-4 по ночам, зимой две ночи подряд меня выворачивало чем-то странным — вот, собственно, пожалуй, и все, чем я могу «похвастаться» в этом пункте.

Кожа
Это мой великий мотиватор, мой двигатель прогресса, моя главная цель перехода на сыроедение. Улучшение состояния моей кожи в самом начале сыроедения было ошеломляющим — никогда я не помнила у себя такой гладкой и чистой кожи, прошли терзавшие меня всю жизнь корочки за ушами, угри на подбородке, «гусиная кожа» на шее, мелкие прыщики на бедрах.

Однако, видимо, через кожу и выходят все мои годами накопленные токсины, потому что в течение года состояние ее больше напоминает американские горки — то идеально чистая и гладкая кожа, то потом вдруг две недели-месяц воспаленная, с красными корочками и шероховатостями. Стоически пережидаю периоды ухудшения и наслаждаюсь периодами улучшения!

В данный момент — снова чистки! Не знаю, сколько это мучение еще продлится, но искренне верю, что рано или поздно я своего добьюсь — получу чистую и гладкую кожу.

Болезни

Самая главная моя проблема «рассосалась» в первые же дни сыроедения — прошла моя хроническая аллергия.

Более того, я впервые в жизни *(исключая год беременности, когда я яростно была настроена не заболеть!)* не болела в холодное время года! Обычно я стабильно каждую зиму, осень, раннюю весну болела гриппом, простудами, бронхитом, мучалась насморками.

Этот год, несмотря на сильные морозы, прошел без болезней! А вот, например, в прошлом году я за месяц аж два раза гриппом переболела, причем тяжелейшим, а весной еще и простудой...

Сознание

О, этот пункт вообще меня очень порадовал. Только теперь я стала понимать, что значит «проснуться» и жить осознанно! Раньше я многое не понимала из того, о чем говорил мне мой муж *(давно уже «проснувшийся» человек!)* — мне это казалось странным, заумным, нигилистическим.

Как только я перешла на сыроедение, я как будто моментально лишилась розовых очков. Я до сих пор помню это потрясающее ощущение, как будто кто-то до блеска отмыл окно, через которое я смотрела на этот мир. Пишу сейчас, а у самой мурашки от этих воспоминаний — настолько это все волшебно и необыкновенно!

Изменилось отношение к Миру, к себе, к семье, к мужу, к ребенку, к религии, к еде, к политике, к природе — да ко всему. На сыроедении началась колоссальная переоценка ценностей, освобождение разума от шелухи, от мифов и стереотипов. Я, как ребенок, стала жадно впитывать каждое слово в речи своего мужа и, наконец, понимать, ЧТО он имеет в виду. В общем, я проснулась!

Я, наконец, в полной мере поняла, что такое Трансерфинг. До сыроедения у меня были две попытки изучить его, но они оканчивались безрезультатно — нет, мне все нравилось, и я рьяно начинала практиковать его, а потом на полпути вновь «засыпала».

А вот теперь с августа прошлого года я регулярно применяю правила трансерфинга в своей жизни, и уже достигла неплохих результатов! Более того, теперь я четко знаю, в чем мое предназначение, я выбрала свою жизненную цель и спокойно иду к ней, наслаждаясь процессом.

Сон
Раньше я спала на ходу. Начиная с 17-летнего возраста, с поступления в институт, я стала ежедневно прикладываться поспать днем. У меня вообще не было энергии... Родила сына, днем регулярно спала вместе с ним, иногда даже по 2 раза в день. И это при том, что мы практикуем совместный сон и прекрасно спим ночью!

Как только я перешла на сыроедение, дневные сны перестали быть необходимостью, я легко встаю по утрам и быстро засыпаю вечером. Не могу сказать, что спать я стала гораздо меньше — все-таки мне требуется 8-9 часов сна для нормальной жизнедеятельности, но, если я даже посплю в два раза меньше, то спокойно и бодро живу до того момента, когда смогу лечь спать.

Выносливость
Я уже неоднократно хвасталась, как ходила прошлым летом в горный поход, несла на руках сына, а потом еще по набережной его таскала и в гостях до полуночи гонялась за ним — и это все за один день, практически не присев!
Действительно, выносливость моя резко возросла! Физические упражнения, начатые еще на вегетарианстве, продолжаю делать, но не всегда получается выполнять их регулярно — работа, блог, длительные прогулки. Хотя стараюсь не запускать!

Отношения
С родителями стало общаться сложнее — мы очень отдалились друг от друга, что меня огорчает. В самом начале моего сыроедения мы прошли через очень сложный период непонимания, обид, упреков, вражды, недельного молчания, язвительных подколов, взаимной холодности. Возможно, это все не прошло для нас даром...

Я стараюсь не лезть в их жизнь и очень признательна им за то, что они перестали лезть в мою! Сейчас наши отношения вполне дружелюбные, родители регулярно покупают нам фрукты, семечки, орехи, а я даже как-то жарила папе котлеты и угощала всех на какой-то праздник тортом по рецепту сыроедения. В общем, мирно сосуществуем!

С друзьями отношения не изменились — я и так с появлением в моей жизни любимого мужчины и ребенка как-то отдалилась от всех. Зато появилось много друзей со схожими взглядами на жизнь — как в виртуальном мире, так и в реальном. Встречи, переписки, обмен опытом, семинары, вебинары, практики повышения сознания — все это есть в моей жизни, и это не может не радовать!

Сын
Мой ребенок за этот год не болел ни разу. Почти круглый год ходит дома голышом, при том, что квартира у нас холодная — просто сам отказывается одеваться! Зимой частенько пробирался на балкон, когда я проветривала в кухне, и торчал там какое-то время — никаких соплей. Одеваю я его довольно легко, как себя, а то и легче.

Кушает сын все то же, что и я, но есть особые предпочтения, кстати, такие же, как и мои — помидоры, авокадо, виноград, хурма, красная паприка. Очень любит свежую зелень, особенно зеленый лук — если нарезать целый пучок зелени и дать ему, все съест! Жует сырую картошку, сельдерей — то, чего я не понимаю. Очень нравится лук-порей, грызет его как леденец.

За этот год у сына кризов не было, только в самом начале сыроедения, видимо, иммунитет был ослаблен, заразился от папы герпесом через морковку, поболел около недельки стоматитом. Пару раз были сопли и небольшая температура как реакция на прорезывание сразу нескольких зубов — капризов и истерик при этом не было, вел себя как обычно.

На термообработаную пищу, к которой, в принципе, имеет ежедневный доступ, фукает, не просит ее. При этом помогает готовить для папы — включает печку, ставит кастрюльку, кладет сыр на бутерброды. А еще помогает нести хлеб из магазина, разбирает сумки и папину еду отдает мне, чтобы я положила в холодильник. Зато с удовольствием таскает с доски овощи и зелень, которые я режу мужу для салата! Думаю, в сознании сына уже четко оформилась мысль, что люди могут кушать разную еду, и это вовсе не повод выпрашивать папино.

Рост и вес не измеряем, но, судя по одежде, сын хорошо вытянулся. Немного схуднул, но это норма для его возраста. Пока результатами я довольна, а что будет дальше, покажет время.

Счастье
Ощущение счастья присутствует в моей жизни постоянно от того, что я нашла свой путь — наконец, решилась создать свой блог и создала его практически с нуля сама *(при помощи своей подруги и замечательного видеокурса!),* от того, что я делаю то, что всегда хотела делать — пишу, и от того, что это как-то может помочь людям — от этого я вообще просто летаю!

Резюме

В общем, подводя итоги своего годовалого сыроедения, могу сказать с уверенностью — этот год был очень знаковым для меня во всех сферах жизни. Он очень сильно изменил мою жизнь, причем в лучшую сторону. Я изменилась — стала увереннее в себе, глубже, спокойнее, мудрее, сильнее, осознаннее — я теперь четко понимаю, что строю свою жизнь сама, иду к своим целям и занимаюсь любимым делом.

Чего и вам желаю!

Такой позитивно-сыроедческий настрой продлился еще 4 месяца, а потом ситуация изменилась. И в голову стали лезть совсем другие мысли…

Дневник сыроедения. Мысли...

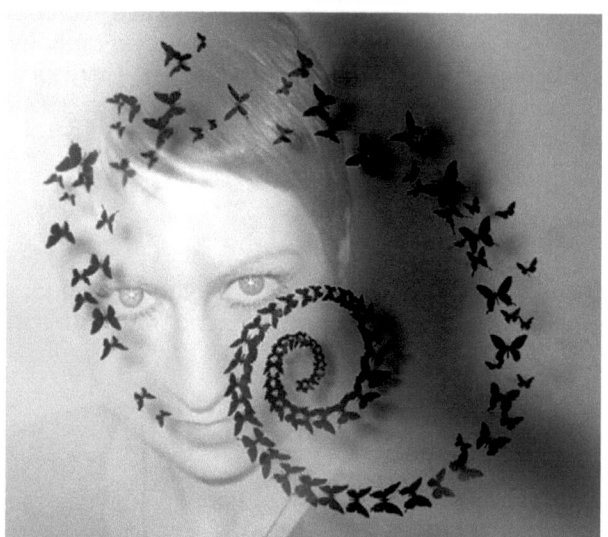

Иногда ловлю себя на мысли... крамольной мысли, что, не знай я всего этого, жилось бы мне гораздо проще!

Нет, я вовсе не считаю себя избранной, не от Мира сего, посланницей небес и прочей ерундой. Но то, что многие мои знания о жизни отличаются от представлений о ней большинства, это, увы, или к счастью, факт. Думаю, вы меня понимаете...

Да, поистине горе от ума, меньше знаешь — крепче спишь! Так и получается в жизни. Как сказала одна моя подруга: «*Аня, я так злюсь на тебя — ну зачем ты рассказала мне про это сыроедение. Жила я раньше припеваючи, ходила в МакДональдсы, кушала вредную пищу, и была счастлива. А теперь... То нельзя, это вредно, от этого болезни... И приходится соответствовать новым знаниям, а это ой, как нелегко!*».

Да, это действительно очень сложно, первый год сыроедения прошел на одном дыхании, на запале, на задоре. Помню, мы искренне удивлялись с такими же, как и я, начинающими девочками-сыроедками: «Как можно после года сыроедения скатиться до мясоедения?!». Ох, можно, как раз после года такое и происходит чаще всего. К хорошему быстро привыкаешь, масса энергии уже не является чем-то из ряда вон выходящим, вкусы, особенно на сыромоноедении, очищаются, но и постепенно приедаются...

Вот тут-то и начинаешь с легкой завистью поглядывать на жующих гамбургеры людей — не потому, что они жует это, а потому что им проще, они не знают, они крепче спят. Они не несут на себе груз этих знаний, им не нужно напрягаться на детских площадках, что их ребенок попробует что-то вредное, они живут в гармонии с родственниками, спокойно оставляют с ними своих детей, не боясь, что те накормят его чем-то непотребным... Они, хоть и зависимы от еды, но свою еду они могут найти гораздо легче — в любом магазине продаются пирожки, в любой закусочной или в любом латке есть ИХ еда.

А сыроедческая? Рынки, фруктово-овощные палатки, редкие магазины с вшивыми дорогими фруктами... Впервые столкнулась с этим на вокзале, когда ехали на автобусе к морю. А затем и на самом курорте. Моя еда — только на рынке, ИХ еда — по всей набережной. Хотя на море, не могу не отметить, был приятный бонус — снимала комнату без кухни, с приготовлением еды, как мои соседки по номерам, не заморачивалась — вот тут ощутила вкус свободы от потребительства, да и ела мало.

И вот опять это — «мое», «их»! Волей-неволей отделяешь себя от Мира, отделяешь, что ни говори!

А тут еще недавно безумно, впервые за год сыроедения, захотелось кабачковой икры, лечо, вегетарианского овощного рагу — это всегда было моей слабостью... Что делать в такой ситуации? Вроде и отказать себе не имею права — люблю себя, но и смысла не вижу в такой еде — жаль целого года сыроедения, да и знаю себя — совесть замучает, живот заболит, а вдруг не смогу остановиться?!

Прорабатываю развития сценариев с сыном, с его питанием... Знаю, что нельзя так делать, а прорабатываю! Пытаюсь себя убедить в том, что это его жизнь, его выбор, его опыт и его уроки! А сердце материнское все равно жаждет лучшего.

Но это лучшее с моей точки зрения, с высоты моего опыта, печального, прошу заметить, а вдруг у него будет другое понятие о лучшем?! Как не страдать? Как не навешивать на дитя своих ожиданий? Всегда боялась этого, хотя знаю, что нельзя бояться...

И снова переедания... Знаю причины, уже установила их — пустота, жалость к себе. Пустота — казалось бы, времени свободного нет вообще, жизнь насыщена событиями и маленькими радостями, все есть, но чего-то все-таки нет. А чего нет? Не знаю! Затыкаю эти пробоины едой, не лезет уже, а ем!

Руки и рот живут своей жизнью? Нет! Жалею себя, позволяю. Но, с другой стороны, я и так во многом отказываю себе. А зачем отказываю? Ради чего? Во имя кого? Не понятно!

Кожа еще чистится до сих пор. Пожалуй, будь она чиста постоянно, желания съесть рагу и не возникло бы. Но терпение, кажется, вот-вот лопнет. Нет, не лопнет, я знаю, что не смогу больше питаться по-другому.

И тут дело даже не в блоге и не в той ответственности, которую я перед вами, мои дорогие читатели, на себя взяла. Что блог? Взяла и прикрыла лавочку — сдулась!

Тут чутье какое-то, которое было с самого начала моего перехода на сыроедение — курс взят верно, а потому так легко было и спокойно, уверенность была и сила воли.

Почему сейчас так? Проверка? Временная слабость? Имею ли я права на слабость? И зачем она мне вообще?

Зачем я все это пишу? Что я хочу донести? Ничего не хочу нести, просто хочу разобраться в своих мыслях, расставить их по полочкам, посмотреть на эту ахинею со стороны, глазами наблюдателя. Посмотреть и причмокнуть: «Совсем у нее с ее сыроедением в мозгах чего-то не хватает...».

А чего не хватает? Чем заполнить пустоту? Прочитала на днях притчу Ошо, была поражена, насколько все это про меня:

«Человек наполнен, если он находится в гармонии со Вселенной. Если он не в гармонии со Вселенной, то он пуст, совершенно пуст. И из этой пустоты исходит алчность.

Для того, чтобы почувствовать полноту внутри себя, есть только два пути. Либо вы входите в гармонию со Вселенной... и тогда вас наполняет целое, все цветы, все звезды. И это реальное осуществление. Но вы не можете сделать этого – миллионы людей не делают этого – и тогда остаётся другой способ: наполнить себя любым хламом. Алчность просто означает, что вы испытываете глубокую пустоту и хотите наполнить её всем, чем можно – не имеет значения чем».

Так вот, в этой притче есть продолжение, но я не могу найти его в Интернете, а потому пишу своими словами: пустота либо заполняется хламом, ненужными вещами, накоплением денег. Либо, например, обжорством — обжора заглатывает пищу — много и большими кусками, знает, что ему будет потом плохо, а все равно не может остановиться. Так он заполняет пустоту внутри себя...

Создается такое впечатление, что все время хожу вокруг чего-то важного, вижу его, понимаю, иногда даже ощущаю тепло от него, а прикоснуться не могу, взять в руки не могу, постичь не могу... Рано что ли?!

Вот такой сумбур происходит в моей голове. Кстати, от срывов все-таки очень хорошо спасают простые салаты с непременным сливочным авокадо и много-много вкусной талой воды с кубиками льда. Знаю, что если сорвусь, жизни себе потом не дам — заем уколами совести... Да и тело взбунтуется. Эх, прощайте мои лечо и соусы. Предала я вас!

К концу всего этого сумбура я все же немного привела свои растаявшие на солнце мысли в порядок, а потому, дорогие мои читатели, не пугайтесь. Это не побочные эффекты сыроедения от недостатка кальция или чего-то там еще. Нет, это просто много-много моих мелких недовольств собой почему-то всплыли на поверхность, как соринки, которы трудно убрать с поверхности воды, и они все плавают, плавают, плавают...

Голову нужно приводить в порядок параллельно с телом, иначе потом как выплывет вот такое, никакое сыродение не поможет! Если у кого-то есть рецепт, как ухватить то самое, вокруг которого хожу, буду рада прочитать и даже воспользоваться... Давайте поддерживать друг друга, ведь все мы живем с этими новыми знаниями, точнее, учимся жить.

Нам их дали, а что с ними делать не сказали — крутитесь как хотите! Кто-то, вон в горах от всех отделился и проклятиями поливает инакокушающих, кто-то с сыроедения до жесткого всеедения скатывается, будучи до сыроедения вегетарианцем, кто-то начинает безумные эксперименты с собственным телом проводить... Как-то хочется остаться нормальным человеком, не правда ли?!

Как вы живете с этими знаниями? Безусловно, они нам даны не просто так! Поделитесь, дорогие мои читатели. Я вот в данный момент, расписывая все это, учусь быть слабой женщиной — это меня только сейчас осенило!

Дневник сыроедения: срыв?!

Посвящается всем «отличницам» и «отличникам»!

Вновь я решила выйти из самокопания и написать о том, чего же я такого накопала в себе и в Мире за это время. И новости у меня для вас, поверьте, очень неоднозначные...

Как я уже писала в предыдущей главе, в моей жизни сейчас начался период глубокого самопознания, а потому у меня просто рука не поднимается писать в блог — так хочется пока поварить все эти мысли и эмоции внутри себя! Это касается не только моего питания, но и всех сфер моей жизни. Хотя сегодняшней основной темой все же будет сыроедение.

Начну издалека... Примерно месяц-полтора назад я, наконец, призналась себе в очень важной вещи — то, что моя кожа еще чистится, да так сильно, после года с лишним сыроедения, это ненормально. Да, аллергию я легко вылечила, могу есть запрещенные ранее фрукты, да, каждый раз в период улучшений кожа становится все лучше и лучше, но, друзья, во время чисток она ужасна — воспалена, шелушится, покрыта красной коркой.

Я задумалась: разве так должно быть?! Возможно, гуру сыроедения прав, и на перестройку организма нужны годы... А я ведь не совсем уж идеальный моноед - были и периоды смешивания продуктов. Но, с другой стороны, должно же это когда-то закончиться...

В общем, стала я в отчаянии копать Интернет, искать информацию. И, конечно, как водится, быстро притянула нужные знания. Я нашла вот эту статью на сайте моего знакомого Юрия, между прочим, ресурс которого я считаю лучшим о сыроедении. Я была потрясена, насколько простым оказалось решение моих проблем! И насколько я заблуждалась в самом начале пути, отдавая предпочтение фруктам.

♥ **Я настоятельно рекомендую каждому начинающему сыроеду обратить особое внимание на эту статью, а также на другие статьи Юрия — на мой взгляд, они очень объективны и правдивы.**

А вот **тут** описан практический опыт самого автора — очень наглядно! Я проанализировала свой опыт сыроедения и вывела следующие ошибки. Надеюсь, это сможет помочь кому-то осознать свои:

1. Отсутствие в рационе овощей

2. Практически полное отсутствие в рационе зелени

3. Злоупотребление привозными фруктами

4. Ореховые периоды — особенно длительный период ежедневного употребления сухого арахиса

5. Употребление злаков

6. Периоды переедания

7. Частые приемы пищи — организм просто не успевает отдыхать

8. Нерегулярные физические нагрузки, преимущественно сидячий образ жизни

9. Неосознанные приемы пищи — за ноутбуком, при просмотре фильма, на ходу на кухне

10. Постоянная озабоченность едой

Я решила резко сменить тактику и, следуя за своим максимализмом, сразу перешла на овощи и зелень, запретив себе есть фрукты. В этом была моя ошибка — я стала «срываться» на фрукты. Конечно, после моего фруктового года организм был просто не готов к такому повороту. В итоге я получила очередной период жора!

Второй моей ошибкой вновь стал перфекционизм, благодаря которому я решила сутки поголодать, чтобы освободиться от жора, а затем вернуться к овощам и зелени, оставив лишь утренний фруктовый перекус. Двадцатичасовое голодание *(больше мне некомфортно!)* спровоцировало еще бОльшую волну обжорства, и я стала поедать фрукты-овощи практически не выдерживая пауз между ними...

Зато потом я все же смогла взять себя в руки и две недели жила в невероятной гармонии с собой, со своим телом и с Миром! Я наедалась мизерными порциями, ела 3-4 раза в день, пила много воды, много занималась спортом и гуляла, даже устроила себе несколько утренних и вечерних пробежек, каждое утро ездила с сыном на пляж. Основу рациона составляли овощи — помидоры, паприка, морковный фреш с мякотью, салатные листья, петрушка, капуста. Иногда была молодая кукуруза. Фрукты были раз в день с утра — дыня или арбуз, иногда груши, виноград. Все это местное, спелое, купленное у бабушек-дачниц за копейки.

При этом я тратила на еду порядка 100 рублей в день, иногда даже меньше. Я долго не испытывала чувства голода, кушала осознанно, уделяя внимание только еде и наслаждаясь каждым кусочком, слушая при этом мелодичную музыку и благодаря Мир за пищу. Кожа, как вы уже могли догадаться, сказочно очистилась, я стала уравновешеннее, энергичнее, осознаннее. Я начала вставать каждый день около 6 утра, встречать по утрам на балконе восход солнца, а ложиться в 21-22 вместе с сыном.

♥ Ох, уж это мое вечное стремление к совершенству, «синдром отличницы» — та самая черта, которая мешает мне спокойно жить и одновременно заставляет меня двигаться вперед, вверх, ввысь! Но если я уж очень зарываюсь в своем стремлении к нарисованному мною же идеалу, то Мир с удовольствием дает мне «по шапке».... Ведь вместо того, чтобы принять себя такую, я начинаю себя переделывать, бороться с собой и получаю!

Так случилось и в этот раз: постепенно я стала уходить от осознанного питания в пользу жевания за ноутбуком. И... снова получила жор! Да еще какой! Я могла жевать весь день, практически не переставая, до боли в животе. Кто через это проходил, тот поймет — просто нет сил остановиться, чувствуешь себя зомби...

Вчера, 5 августа, переедание мое дошло до крайней точки. Параллельно с ним началось мое личное разочарование в сыроедении, так как жор спровоцировал очередную чистку кожи. И я поняла: если я сейчас не сделаю чего-то радикального, я просто сойду с ума! Я решила не дожидаться оплеухи от Мира, и сама дала себе пощечину, чтобы сдвинуть дело с мертвой точки бесконечного жора.

И я сделала радикальнейший для сыроеда шаг! Осознанно, обдуманно, намеренно. Я отступила от сыроедения и съела 3 небольшие плошки веганского овощного рагу *(картофель, кабачки, морковь, паприка, слегка тушеные, с большим количеством*

жидкости!). Это единственное блюдо, о котором я мечтала, будучи сыроедом. И я разрешила себе его.

Я получила непередаваемое удовольствие от каждой ложечки, хотя мне и было очень жарко в процессе еды, я была вся мокрая. **Плохо мне не было, мне было, наоборот, очень даже хорошо!**

Я намеренно не называю это обстоятельство срывом, так как этот шаг был осознанным и даже потребовал от меня некоего усилия воли — как-никак больше года сыроедения! Поела, успокоилась и решила проверить себя.

Я подумала, что раз уж я позволила себе сегодня рагу, то, наверное, пусть мое тело до конца разгуляется и съест все, что ему хочется! Я отрезала два кусочка своего некогда обожаемого сыра Маасдам, пожевала и выплюнула — резина, причем безвкусная, с противным запахом.

Затем мы отправились на новоселье брата, я оставила сына с невесткой, а сама пошла в магазин — бродила среди полок с продуктами, читала состав, представляла их вкус, вспоминала. Я мысленно разрешила себе в тот день все, даже мясо *(на новоселье были шашлык и люля-кебаб!),* но я больше ничего такого не ела — просто не смогла, не захотела, не увидела смысла.

Прорыв произошел — я разрешила себе отступление! Для меня этот урок был очень важен и вывел меня на новый уровень отношений с Миром, а, главное, с самой собой. Чтобы вы поняли, о чем речь, я поясню: кто знает, что такое перфекционизм, максимализм, идеализм, «синдром отличницы или хорошей девочки», тот поймет, насколько непросто жить таким людям.

♥ **Мы взваливаем на себя огромный груз ответственности, ставим сами себе рамки, придумываем правила, поднимаем планки, а потом пытаемся соответствовать, тянемся, стремимся, достигаем и... мучаемся, страдаем, истерим, устаем, ломаемся, в конце концов! И этот маленький ад мы проворачиваем для себя сами, по собственной инициативе, другие люди ничего подобного не ждут от нас!**

Вот я, например, завела блог, пишу о сыроедении, о материнстве, значит, я априори обязана быть идеальным сыромоноедом, вдохновлять людей, быть супер-мамой. А ведь вы этого не ждете от меня, дорогие читатели, вы просто читаете о моем скромном опыте, примеряете его на себя, что-то черпаете, что-то отвергаете, узнаете новое, делитесь своим опытом!

Благодаря овощному рагу я приняла себя, позволила себе быть несовершенной, заземлила, сбила свою спесь, свою гордыню — мол, вот какая я, больше года без срывов, огого! Нет, это не мазохизм, это признание своих недостатков, осознание того, что у каждого своя жизнь, которой он волен распоряжаться по своему усмотрению.

Более того, вчерашнее событие — а это было грандиозным событием в моей жизни «отличницы»! — очень ослабило мое внутреннее напряжение в отношении питания сына. Я внешне вроде как отпустила ситуацию, но внутренне все равно местами напрягалась на детских площадках вблизи жующих детей. А вчера как рукой сняло!

♥ **Это ЕГО жизнь, ЕГО опыт, ЕГО тарелка! Точно так же, как вчерашняя тарелка овощного рагу была МОЕЙ, и никто, ни один человек в Мире меня за это не осудит — просто права не имеет, так же, как и я не имею права судить других!**

В общем, вчерашний день принес мне массу озарений, открытий, эмоций, мыслей, вкусовых ощущений и... остановил жор! А еще вчера, когда я ходила по магазину и смотрела на давно не употребляемые мною продукты — халву, козинаки, булки, сыры, печеньки — я поняла:

<u>я хочу быть сыромоноедом, это мое, это стало частью моей жизни, я не хочу назад, к этим полкам!</u>

А потому результатом моего похода по магазину стал десятикилограммовый сладкий арбуз, который мне купил подошедший в магазин брат! Я довела вчера на новоселье свое обжорство до гротескного состояния, опять же, осознанно и намеренно, вечером дома сделала очищающую клизму, выпила много воды, а сегодня первый прием пищи у меня случился лишь около 13 часов — морковный сок с мякотью, затем в 15 были помидоры с пучком салата — мое любимое блюдо! Вечером, после гимнастики, я поела местных сладких груш, а еще меня ждет маленькая сладкая свекла, возможно, с пучком петрушки, но я еще не решила, буду ли кушать еще раз — жор ведь прошел, не хочется пока!

Так что вчера я обнулила свое сыроедение, а сегодня начала отсчет своей новой жизни, но уже без фанатизма, без гордыни, без запретов, без перфекционизма — по крайней мере, я очень надеюсь на это!

Кстати, вчера также состоялся долгий и глубокий разговор с мужем на эту тему — он меня поддержал, сказал, что теперь-то я точно смогу справиться с перееданиями, раз я сняла психологическое напряжение этим овощным рагу, разрешила себе быть неидеальной.

Сказал, что смысла возвращаться назад в питании мне уже нет, а потому нужно свести к минимуму все мысли о еде и сделать еду просто физиологической необходимостью — вспомнила-поела! Думаю, теперь буду двигаться именно в этом направлении...

Я устала, я ухожу...

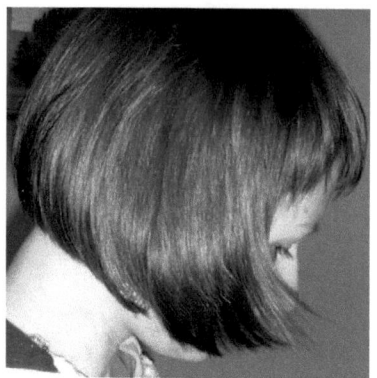

...хотя точнее будет сказать, что я, наоборот, возвращаюсь... в мир людей!

♥ **Я ухожу со 100% сыроедения!**

Да, я оказалась слабее, чем представляла себе — я просто не потянула этот образ жизни. Хочу выложить здесь свои мысли относительно питания и жизни в целом — те мысли, которые формировались в моей голове больше года в период сыроедения.

Мне бы не хотелось, чтобы эта статья выглядела, как оправдания — уколов совести по поводу ухода с чистого сыроедения у меня нет. Скорее это попытка разложить свои мысли по полочкам, получить в ответ ваши — вдруг кто-то из нас в этом диалоге откроет для себя нечто новое и полезное?!

Итак, для начала хочу поделиться своими мыслями о самом сыроедении. Я по-прежнему считаю этот стиль питания и жизни самым естественным и самым лучшим для человека, однако я, наконец, осознала, что оно действительно не всем подходит. Мало того, что физически его не каждый сможет потянуть, так еще и моральная нагрузка колоссальная...

♥ **Чтобы быть успешным сыроедом, необходимо духовно созреть. И это не просто слова. Я переходила на сыроедение осознанно, с удовольствием, без терзаний и страданий. Но я вынуждена признать тот факт, что я все же не дозрела еще до такого стиля жизни.**

На сыроедении многократно обострились все мои ментальные проблемы. И вместо того, чтобы стать свободной от пищи, я сделала ее своей религией, я получила сильнейшую зависимость от нее, а, в результате, еще и такие страшные переедания, которые просто не в силах остановить физически...

Ешь, плачешь, ненавидишь себя, но пихаешь в себя эту полезную еду до боли, до одурения...

Никогда ранее в моей жизни не было такого. Я уже писала, что до 24 лет могла сутками не есть, спокойно, если не равнодушно относилась к еде, а на самом лучшем питании получила такую вот зависимость. Не питание виновато, я виновата сама!

♥ **Так проявились моя жадность, недостаток любви к себе и к людям, желание заесть пустоту в душе** *(именно поэтому переедания носили периодический характер — иногда удавалось заполнить пустоту чем-то другим!)*, **стремление казаться лучше, неуравновешенность** *(рекомендую вам тщательно покопаться в себе — очень впечатлитесь!)*.

А еще таким вот образом Мир учил меня — не стремись к совершенству, не нужно казаться лучше, не пытайся быть лучше других!

Толерантность? Отличное качество, только вот где оно скрывается? Да, живу с мужем-мясоедом, вокруг буйным цветом цветет *(простите за тавтологию!)* блюдомания — я же вся такая хорошая, почти идеальная, я же принимаю этот Мир таким, каков он есть.

Однако почему тогда я каждый раз в магазине рефлекторно заглядываю в корзинки других покупателей, чтобы «пожалеть» их! Бедненькие, едят гадости, они не знают, но я-то знаю, а ведь я могла бы... Но нет, не буду — я же толерантна, не фанатична!

На самом деле, пришлось признаться себе, что да, осуждала — такого рода жалость является ни чем иным, как осуждением! Да кто я такая, чтобы жалеть людей? Существ, которые пришли на эту Землю за совершенно другим опытом и для которых каждый миг их жизни является правильным для них. Кто я такая, чтобы осуждать многообразие форм существования?!

Ну, я же знаю, а они нет... Хотя вот вчера с удивлением поймала себя на мысли, что я вернулась на Землю, в мир людей из какого-то далекого путешествия вглубь себя. Думаю, каждому уезжавшему надолго из дома человеку, знакомо это странное чувство — все такое родное и чужое одновременно, при этом в душе комфорт и спокойствие «Я дома!».

Мне захотелось закричать: «Люди, я дома!». Вчера я снова почувствовала *(как и в тот период, когда я надолго теряла голос!)*

себя каплей в океане жизни. А другие люди — тоже капли. Нет осуждения, есть принятие. Не до конца, конечно, но начало положено!

Я очень устала от стремления к совершенству, к которому меня всю жизнь гонит моя многострадальная кожа. С одной стороны, не будь она такой, я бы не развивалась духовно. Я это хорошо понимаю, очень благодарна ей и Миру за это, но сейчас я чувствую огромную усталость.

Это неправильно — гнаться за внешней атрибутикой. В конце концов, я остановилась и задумалась — аллергию свою на сыроедении я вылечила, кожа стала гораздо чище, организм очистился. Казалось бы, «хэппи энд», но нет же, мне ведь подавай идеальную кожу.

А для чего?! Муж меня перевидал за три года отношений в самых разных ипостасях — роды, чистки, кризы, болезни, истерики, злоба... Думаю, его уже ничем не испугать! Более того, мы встретились, когда моя кожа была еще далека даже от теперешнего здорового состояния — и ничего, живем же! Если бы мое лицо вдруг стало идеальным, думаю, это не улучшило бы многократно наши отношения...

Люди? Им плевать, у кого какая кожа, ведь каждый занят собой и только собой! Я специально, пытаясь принять себя, в период обострений на лице ездила в общественном транспорте, посещала места скопления людей без косметики и темных очков. Нет, не мазохизм — попытки принятия себя. Часто успешные!

Сыроедение четко дало мне понять, что состояние кожи — это не только питание, но и психосоматика. Ярким примером тому являются бесконечные «чистки» на сыроедении уже после года. Казалось бы, организм перестроился (хотя не очень я теперь в этом уверена — ошибок было много!), должно же это прекратиться.

Прочитала у Юрия про овощи и зелень, стала как ненормальная скупать их на рынке, презрительно проходя мимо фруктов. Вкусно, но скучно! Да, кожа сначала гораздо чище стала, а потом шарахнула таким кризом, что страшно было в зеркало смотреть *(все-таки принятие себя в моем случае — штука весьма волнообразная!)*.

Максимально сократила количество пищи, очень сильно похудела и поняла, что, если питаться на сыроедении правильно, буду очень худой — не нравлюсь себе, не могу принять, раздражаюсь и переживаю. А чтобы поддерживать желаемую форму на натуральном питании, нужно бесконечно есть, добавляя в рацион орехи. Моему телу тушеные овощи нравятся больше, чем орехи!

Я просто честно заглянула вглубь себя и, наконец, осознала, что очень-очень устала. Я обвешала себя грузами ответственностей, обязанностей, статусов, соответствий, идеалов, аскез.

Аскезы... Вот он — камень преткновения в моей истории ухода с чистого сыроедения! В ведических знаниях говорится о том, что всякого рода ограничения — это мужские аскезы. Закаливание, строгое питание, голодание, тренировка силы воли. Я дрессировала себя подобно мужчине, имея и без того мальчишеский характер — упрямый, своенравный, задиристый, волевой. И как только мой муж меня такую любит?!

♥ Женщина должна быть слабой — позволять себе роскошь иногда не следовать правилам, делать комфортные для себя отступления от догм. Вот только с моим максимализмом так сложно нащупать ту грань, которая отделяет женскую слабость от варварской вседозволенности. Этому и нужно учиться, это и есть мудрость.

Не уйти с сыроедения, чтобы метать в себя все подряд, а, сохраняя уважение и любовь к собственному телу, иногда успокаивать и заземлять далеко улетевшее сознание каким-нибудь простым, минимально обработанным блюдом.

Частичка мудрости посетила, наконец, и мою измученную душу. Овощное рагу, которое я включила с свой рацион, многое расставило по местам в моей жизни. Я поняла, что:
1. скучала по этому блюду и неосознанно давила тягу к нему *(догмы, религия, правила, ответственность, цель, убежденность - и все это мое сыроедение!)*
2. могу быть здоровой и красивой даже при несоблюдении всех «правил» *(подтверждение тому — буквально на глазах очистившаяся кожа! психика пришла в норму, и тело поблагодарило меня чистой кожей. Подруга, с которой я вижусь через день, вчера удивилась такому сказочному преображению!)*
3. питание не может быть основной составляющей здоровья, хотя и играет в нашей жизни огромную роль *(для меня иллюстрацией этого является муж. У него все в порядке с психикой и со здоровьем при, мягко говоря, не правильном питании. Кто-то скажет, что это до поры до времени! Скорее всего, но он настолько уравновешен и адекватен, что вовремя сможет принять действенные меры по самоисцелению, как уже было в его жизни). Он живет в настоящем моменте, здесь и сейчас, и прекрасно решает проблемы по мере их поступления, не забегая вперед и не слишком уж инвестируя в будущее!*

4. могу, наконец, принять тот факт, что мой ребенок — другое существо, не я и даже не часть меня, что он пришел сюда за своими уроками, за своими ОШИБКАМИ — и они непременно будут! И пищу другую он будет пробовать, он не будет рафинированны тепличным растением, он будет мужчиной — свободным, уверенным в себе, адекватным ситуации и мудрым. В этом уверена, потому что он характером и гороскопом очень похож на мужа. И в моих силах не задавить это в ребенке, а многократно приумножить, помочь развить.

Мне запрещали в детстве шоколад из-за аллергии. Так вот, дорогие родители, я страдала, ела его тайком, чувствовала себя неполноценной, ущербной и, подозреваю, от этого нахваталa кучу комплексов, от которых не могу избавиться по сей день. Нет, я родителей как раз не обвиняю — они делали это во благо!

Но благими намерениями, как известно... Мы, конечно, самые умные и самые знающие про наших детей, однако почему-то мы свою жизнь никак не можем гармонизировать, свои недостатки обуздать, а по какому-то праву лезем с советами, запретами и правилами в жизнь куда более духовных и мудрых существ — детей!

По поводу сына мы решили с мужем специально ничего несыроедческого не предлагать. Увидит — захочет — попросит — попробует. Его микрофлора, уверена, перестроилась уже, а потому специально рушить ее я не хочу. Да я и не иключаю факт своего возврата на сыроедение в будущем, только вот голову свою приведу в порядок основательно. Хотела написать «окончательно», но затем осознала, что это будет не совсем верно — этот процесс будет основополагающим в жизни каждого человека до конца его жизни. Это и есть наша цель — совершенствование, развитие!

Помню, перед самым переходом на сырое питание, я очень долго — недели три — не могла отцепиться от своих овощных рагу и бобовых супчиков — настолько мне было комфортно 99% сыроедение и употребление раз в день такой вот простой вареной еды. Но мечта и разум гнали вперед, к сыромоно! Я даже смешанного сыроедения себе не позволила, спеша поскорее очистить организм и кожу.

Видимо, такой стиль питания моему организму наиболее комфортен:
- до 12 не завтракать *(встаю в 6 утра, даю телу 6 часов на отдых от еды и самоочищение!)*
- в 12 сочные сытные фрукты *(дыня или арбуз, или банановый зеленый коктейль, или персики, дальше будет хурма — ура!)*

- через час-полтора — овощное рагу *(картошка с кожурой, кабачки, сушеные овощи в качестве приправ, немного карри, немного водорослевой соли, иногда имбирь, когда блюдо немного остывает, кладу много зелени, очень редко чайную ложку нерафинированного кукурузного, оливкового или льняного масла — соскучилась по ним!)*, или бобовый суп *(максимальное время замачивания бобовых и минимальное время варки, в остывший суп — тертая морковь, зелень, масло, те же специи)*
- затем стараюсь выдержать долгую паузу без еды и питья
- часов в 16-17 легкий фруктовый перекус
- часов в 20 салатные листья с помидорами

Вчера не удержалась и купила вегетарианские роллы. Получила неимоверный кайф, хотя поначалу смущало наличие в них рафинированного риса... Решила, что изредка буду баловать себя ими! Я ведь сама знаю, что мне нужно в данный момент для комфорта.

А вообще, это, конечно, чудесно — сидеть с подругой в уличном кафе и, не спеша, жевать овощные вегетарианские роллы без боязни, что они где-то там не переварятся, а потом вылезут на коже! Я ни в коем случае не агитирую против сыроедения, но и активно за него я тоже не хочу агитировать.

Жизнь постоянно учит меня не делать категоричных выводов, а потому снова и снова возвращает меня к отвергнутым мной явлениям и смачно тыкает носом. Я посмеивалась над ведическими принципами питания, которые рекомендуют людям Вата *(а я наполовину Вата!)* употреблять наваристые супчики и сытные кашки для душевного равновесия. На сыроедении Вата могут улететь в неведомые края, что и случилось со мной.

Рагу опустило меня на Землю, не лишив энергии, а просто направив ее в нужное русло — не в амбициозные мечты об идеальной коже, а в семью, к тем людям, которые и так меня любят!

♥ **Хочу сказать одно — на данный момент решение я приняла правильное, и подтверждением тому явилось молниеносное очищение моей кожи, а также цепочка других феерически приятных событий в моей семье** *(писать о них не буду — они слишком личные!)*. **Я просила Мир о знаках, просила «взять меня на ручки»** © **и направить по моей дороге. Я это получила, чего и вам искренне желаю!**

Почему я вернулась к Аюрведе

Аюрведа! О, это волшебное слово давно вошло в мою жизнь.

Аюрведа с санскрита дословно переводится как "наука жизни" и полностью оправдывает свое название. Это поразительно точные знания, которым более 5 тысяч лет, которые универсальны в любых условиях. Самое удивительно, что, благодаря Аюрведе, можно подобрать идеальное питание для каждого конкретного человека с учетом особенностей его конституции, характера, места жительства.

Я много раз пыталась подступиться к этой древней науке. Читала немного и откладывала, читала и откладывала. Сложно, непонятно, запутанно... Так я думала тогда. А теперь я думаю: «Интересно, удивительно, захватывающе, логично, правдиво, мудро!». Доросла!

И помогло мне в этом мое почти полуторагодовалое сромоноедение, как ни странно! Дело в том, что все, как известно, познается в сравнении. Вот и у меня была возможность сравнить.

Когда я только перешла на вегетарианство в феврале 2011 года, в мою жизнь сразу же стремительно ворвалась информация об Аюрведе. Я тогда, увлеченная идеей вегетарианства, принялась соблюдать аюрведические правила – режим дня, количество пищи, правила сочетания продуктов. Ну а там, как вы наверняка знаете, всякие гхи, имбири, порции в двух ладошках, строго свежеприготовленные блюда, правила совместимости.

И тогда переедания, преследовавшие меня на мясоедении *(ночные бутерброды с салом, бррр, ужас какой!)*, остались в прошлом. Я действительно съедала порции, равные двум ладошкам. Пищу готовила простую, почти сырую – цельное зерно замачивала, молола и прогревала немного в пароварке, к такой каше в 2 раза больше свежего салата.

Было комфортно, сытно, приятно, интересно, увлекательно! Но затем настал час Х – я узнала о сыромоноедении и плакала, что мой только что созданный уютный кулинарный мирок рушится. Я действительно плакала, у меня была двухнедельная депрессия – я очень четко помню свои тяжелые сны, бесконечные думы, сожаления, что людям «нельзя кушать термообработанную пищу»...

Мне было довольно сложно отказаться от своих овощных рагу, цельных кашек, бобовых супчиков – я готовила их с любовью, наслаждалась ими.

Но максимализм и фанатизм гнали меня вперед. А еще, конечно же, мечта об исцелении. И я стала сыромоноедом.

Физически, как я уже писала, оно далось мне довольно легко, но только теперь, оглядываясь на все это, я каюсь и понимаю, что сыромоно мое держалось лишь на моей колоссальной силе воли, на фанатизме. Да, была осознанность – приготовленное есть нельзя. Я буквально внушила себе, что приготовленная пища – смерть! Потому и держалась так долго, потому и за сына тряслась...

Устала, в общем, ну вы, думаю, помните!

После сознательного ухода с сыромоноедения, я пыталась какое-то время питаться правильно, называя это осознанным веганством. А потом меня «понесло»: какие-то магазинные вафли, шоколадки, хлеб, мамины блинчики с яйцами и дрожжевые пироги с капустой. Муж даже подшучивал: «Как низко ты пала!». Да, вчерашняя фанатичная сыроедка поедает магазинные шоколадки – шутка ли?!

Какой там сайт, какие там консультации по сыроедению – я никак не могла выкарабкаться из этого. У меня был жутчайший период перееданий, когда в моей голове как будто что-то включалось – пойди и съешь сию минуту, иначе тебя разорвет изнутри. Я не преувеличиваю и не перекладываю ответственность на мифическую сущность внутри себя, у меня не раздвоение личности, нет – так было на самом деле.
Как будто я должна была загасить внутренний жар. Я съедала какую-нибудь шоколадку и тут же успокаивалась, «просветлялась», удивляясь самой себе – как я могла такое есть?! Но на следующий день все повторялось сначала...

Страшно как-то об этом писать, но вдруг у кого-то есть подобные проблемы? Думаю, они многим будут близки! Я впала в чернейшую депрессию, что мне, вообще-то, не свойственно. Я плакала, но ела, ела и плакала, ругая себя, пытаясь принять, тут же чистила свой организм, тут же шла «пачкала» его вновь. Мелодрама, да и только! Мелодрама с элементами булимии...

Я и блог хотела закрыть одним махом раз сто, думая, что это из-за него я так зациклена на еде!

Ну, и как верующий человек я отчаянно просила у Бога помощи, просила послать мне знак, вывести меня из этого мрака. Знак пришел в виде рассылки по Аюрведе.

Сначала робко, а затем все увереннее я стала читать и усваивать приходящую ко мне информацию. Затем нашла еще несколько отличных сайтов по Аюрведе.

Но я не просто читала, я пробовала – как это со мной обычно бывает, я же практик! Решила начать с самого главного – определила свой тип конституции (дошу), выяснила, какие из дош вышли из равновесия, подобрала себе соответствующее меню и была поражена – настолько быстрыми и замечательными были результаты.

Снова вернулись те самые «две ладошки» вместо целой кастрюли, снова много сырого и фруктово-овощного, появился легкий ужин. Появилась, наконец, внутренняя гармония, желание жить, творить, делиться, развиваться. Я выкарабкалась! Аюрведа, спасибо!

Пафосно, согласна, но очень правдиво… Я еще только в самом начале пут изучения Аюрведы, но он очень интересный и захватывающий.

Сыроедение в свете Аюрведы — мои проблемы и ошибки

Внимание! Сразу же хочу предупредить, что я не претендую на истинность данной информации, а делюсь своим сугубо субъективным опытом.

♥ Моя цель – не дать исчерпывающие знания по Аюрведе, а заинтересовать вас данной темой. Более достоверную и подробную информацию узнавайте у сертифицированных докторов Аюрведы. Кстати, у одного из них я и сама была.

Замечали ли вы, уважаемые сторонники сыроедения, что одни люди на таком питании худеют – расцветают, оздоравливаются, приобретают светящуюся кожу, стройность, но при этом не теряют соблазнительных форм. Они летают, творят, любят весь Мир.

А другие тоже худеют, но чахнут, приобретают мешки и синяки под глазами, серую кожу, нездоровый вид, становятся скелетообразными, нервными и все время мерзнут.

Третьи же вроде и выглядят неплохо, хотя и худеют, хотя и поправиться не мешало бы капельку, но становятся агрессивными, фанатичными, несгибаемыми.

Вот лично я на сыроедении стала гремучей смесью второго и третьего типа! И вы все еще спрашиваете меня, почему я ушла с сыроедения?!

Я видела примеры первого типа – например, свою подругу. Кстати, она до сих пор очень успешно сыроедит, прекрасно выглядит, но еще иногда удивляется, почему же я перешла обратно на вегетарианство *(Настенька, привет!)*. Вот почему, дорогая, читай!

♥ Когда, после ухода с сыроедения, я стала вникать в азы Аюрведы, мне так и хотелось кричать: «Я ВСЕ ДЕЛАЛА НЕПРАВИЛЬНО!».

В принципе, я и до Аюрведы уже поняла, что на сыроедении мною было совершено множество ошибок, потому, собственно, оно и закончилось так логично, безболезненно и даже весьма комфортно.

- *Я не проводила никаких серьезных чисток до перехода на сыроедение, а, следовательно, не привела в порядок свою микрофлору, не подготовила ее к новому виду питания*
- *Мне нужно было всерьез заняться чисткой печени и крови – ниже вы поймете почему*
- *На уже имеющуюся гнилостную микрофлору (шутка ли – за 2 месяца до перехода на сыроедение я еще мясо лопала!) я начала тоннами бросать сладкие фрукты – от этого, я уверена, она забродила еще больше*
- *Я употребляла мало зелени на сыроедении – почти не ела ее, а она очень помогает очистить организм при переходе на сыроедение*
- *Я почти не ела овощи и корнеплоды, которые при бродильной микрофлоре нужно делать основой рациона*
- *У меня был довольно долгий период увлечения арахисом, причем в больших количествах, причем в сухом виде, а этот вид бобовых даже в Аюрведе не очень-то рекомендуется употреблять*
- *Я ела ооооочень много, килограммами фрукты и пила банановые коктейли литрами (я не считаю, что столько есть для человека — норма, пусть даже сырого и моно!), и, тем самым, растянула свой желудок до неимоверных размеров. Тогда как Аюрведа рекомендует порцию, равную двум ладошкам!* **Представляете, какими должны тогда быть ладони сыромоноедов?!** *Вот и получалось, что сама довольно худая, но при этом появился животик – некрасиво было*
- *Какое-то время я насильственным способом отказывала себе в воде – ну еще бы, она же «мертвая». Это было на начальном этапе сыроедения, и это наверняка замедлило процесс очищения моего организма*

Словом, подобную работу над ошибками можно проводить бесконечно, можно даже искренне сожалеть о неправильных действиях. Но я уже писала о том, что наделена счастливым качеством – ни о чем не жалеть и все принимать как опыт, как уроки, как данность!

Именно поэтому я не стала после того овощного рагу возвращаться на сыроедение, цепляться за прошлое, насиловать себя и свое тело, а пошла дальше – туда, куда меня вела жизнь.

Я стала вникать в аюрведические знания, и была поражена, насколько же ясно там описывались мои сыроедческие проблемы.

Начну с того, что я определила в точности свою аюрведическую конституцию с помощью профессионала – опытного доктора Аюрведы.

Найти такого специалиста несложно, сейчас даже онлайн подобные консультации проводят – главное, чтобы сердце откликнулось!

Оказалось, что я – Пита-Вата. Если вы хоть немного читали про Аюрведу, то должны иметь представление о том, кто же такие эти загадочные Вата-Питта-Капхи.

Если же нет, то здесь я напишу тезисно. Заинтересовавшиеся могут погуглить и узнать подробности.

- Вата – худощавые люди, либо высокие, либо низкие, с сухой кожей, нервные, порывистые, суетливые, мечтательные, мерзлявые, страдающие запорами, часто без аппетита.
- Питта – люди среднего, атлетического, спортивного телосложения, с проблемной кожей, потливые, горячие, упорные, зажигательные, властные, не переносят жару, частенько переедают.
- Капха – люди, склонные к полноте, медлительные, спокойные, уравновешенные, с отличной кожей, густыми волосами, с трудом переносят влажную погоду, любят поспать и покушать.

Итак, в результате всех проведенных мною тестов и посещения доктора, я сложила довольно четкий паззл своих сыроедческих проблем.

Дело в том, что сыроедение очень сильно обостряет Вата-дошу. Так получилось и у меня:

- *Творческие идеи просто преследовали меня*

- *Я стала очень мало спать, часто подолгу не могла уснуть, преследуемая рождающимися в голове статьями*
- *Я с головой уходила в сайт, в работу – да, работалось легко, радостно, все писалось молниеносно. В тот период я стала зарабатывать очень много. НО! Я отстранилась от семьи: общению с мужем предпочитала работу, сына чаще стала отдавать маме... Тут, собственно, и обострение Питты подключилось – трудоголизм*
- *У меня стала очень сильно сохнуть кожа лица и тела. Ноги приходилось смазывать маслом. Пятки потрескались. Вот как разбушевалась моя Вата!*
- *В мою сыроедческую зиму (температура была до -25! Хотя, напоминаю, я живу на юге России) мне дико хотелось горяченького – это моя несчастная Вата молила о помощи! Но я, идейная, сверху еще и обливала ее ледяной водой после зарядки. Брррр, как вспомню!*
- *Я очень сильно похудела на сыроедении. В переходный период вообще до скелетообразного состояния. Мне было очень некомфортно худой всю жизнь, я пыталась принять себя на сыроедении, думая, что эх, вот такой я и должна быть... Ан нет! К моей великой радости, я очень даже не худая на самом деле – я же Пита-Вата как-никак. Просто у меня давно и всерьез загрязнена печень и кровь – мясо, жареные, мучные, острые блюда, затем сигареты и алкоголь. Отсюда и мои проблемы с кожей, свойственные Питте.*

Кстати, о Питтах. Она, и без того активная во мне всю жизнь, тоже тоже обострилась...

- *Уже упомянутый выше ненормальный трудоголизм*
- *Фанатизм и упрямство, гордыня, высокомерие, уверенность в собственной правоте. Кстати, особый пик развития всех этих «прелестных» качеств пришелся как раз на тот период, когда я «сидела» на помидорах, а они Питте противопоказаны! В то время я перессорилась с родителями, со свекровью, с бабушкой мужа спорила – очень стыдно вспоминать, а я ведь считала себя лояльным сыроедом.*
- *Очень сильно активизировались мужские качества – выносливость, отсутствие болезней и слабостей, упорство в достижении целей (а ведь упорства у меня и так в избытке!). Кстати, мой муж в то время неосознанно занимал весьма пассивную позицию – что поделать, распределение энергий. Если жена на себе все волочет, то зачем напрягаться мужу?! Об этом потом тоже много чего напишу...*

- *Переедания – это действительно Питта разбушевалась! Я уже неоднократно писала в своем блоге о том, как страдала от этого, как тяжело мне все это давалось, какая получилась гастрономическая зависимость и что из этого вышло!*

В результате сыроедения в моем организме произошел глобальный конфликт. И так ведущие доши обострились, а Капха, которая и так всю жизнь была ниже нужного уровня, оказалась почти полностью изничтоженной. За дело взялись и без того высокая всю жизнь Питта и радостно повысившаяся Вата.

Дело в том, что, согласно Аюрведе, гармоничным считается тот человек, у которого все три доши находятся в равновесии.

♥ **В какой-то момент действо достигло своего апогея, и я просто интуитивно приняла решение прекратить сыроедение. Вот почему оно далось так легко, вот почему я стала поглощать мучное в неимоверных количествах – мне нужно было заземлить Вату, а сладким мне нужно было поставить на место Питу, увеличив тем самым Капху.**

Кстати, и переход на сыроедение в свое время легко дался! Почему? Потому что Питтам оно очень даже показано, но при условии, что в организме все сбалансировано согласно вашей Питта-конституции.

Когда я узнала свой тип, то очень удивилась сначала. Я ведь все время считала себя Ватой – худая, мечтательная, нервная.

А потом поняла, что у меня были и явные признаки Питты (моя доша — двойная) – упорство, целеустремленность, максимализм, вспышки гнева, постоянные проблемы с кожей и с ЖКТ.

Надеюсь, вам будет понятна хотя бы часть из того, что я вам тут с умным видом наизлагала. Если пока не очень понятно, то есть два варианта развития событий:

- О Боже, да она же бредит, срочно спасаться отсюда бегством!
- Немного подождать статью про определение доши, а затем с новыми сведениями, перечитать весь этот «бред» еще разок!

Я надеюсь, вы предпочтете второй вариант, и мы с вами еще увидимся!

Откровенно о моем сыромоноедении: плюсы и минусы

Как же долго я собиралась откровенно осветить все плюсы и минусы, полученные мной от сыромоноедения. Почему-то я вечно откладывала эту тему, хотя в голове то и дело идет сравнение: «до» и «после», «до» и «после».

Прошло уже довольно много времени «после», а, значит, смогу более или менее объективно поделиться с вами, дорогие читатели, своими ощущениями и впечатлениями от натурального питания. Итак, прежде всего, конечно, хочу осветить несомненные плюсы сыроедения.

Собственно, это то, о чем пишут практически все сыроеды и сыромоноеды:

- *Невероятная легкость в теле*
- *Масса энергии*
- *Какая-то нечеловеческая выносливость*
- *Отсутствие запахов тела*
- *Чистота и младенческая гладкость кожи (в моем случае с регулярными чистками-высыпаниями!)*
- *Нескончаемый поток творческих идей*
- *Высочайшая степень осознанности*
- *Множество новых, интересных и полезных знакомств*
- *Создание собственного блога — осуществление давней мечты много и часто писать*
- *Ощущение единства с природой, иногда прям раствориться хотелось в какой-нибудь траве*

- Меньше стала мерзнуть — купалась в ледяной горной реке, в море во время прохладной дождливой погоды, обливалась ледяной водой (все равно бррррр!)
- Было очень много свободного времени — готовить стала в 2 раза меньше (у нас с мужем давно разные рационы питания!)
- Сыроедение обнажило мои ментальные проблемы — в частности, переедание. Считаю это плюсом, так как «расчищать» такие вещи все равно надо — в этом и заключается смысл нашего существования — иначе никакого развития не будет!

А вот они и ложки дегтя в этой сладкой сыроедческой бочке - минусы. Лично мои, субъективные, тщательно проанализированные:

- На веганстве я поправилась! Ура! Для меня это был, наряду с состоянием кожи, самый главный минус сыроедения — я была худющей, если питалась правильно (не переедала, ела с большими промежутками!). Хотя многие, не буду скромничать, хотели бы быть такими вот стройными и худенькими. Но это не мое тело, мне в нем не комфортно, хотя я честно пыталась принять его и даже развивала по этому поводу некоторые философские идеи. Чтобы выглядеть так, как хотелось мне, нужно было постоянно что-то жевать и не просто что-то, а калорийное — бананы, орехи, авокадо.

- На сырую еду мы все-таки тратили больше — я все ждала, когда же настанет этот период, когда только 2 яблочка и 3 морковки в день. Да, физиологически он действительно настал — после полугода сыромоноедения я понимала, что мне столько и нужно, но психологически я столько кушать не могла — меня преследовали переедания. Сейчас я вспоминаю и ужасаюсь — если раньше я свои гонорары тратила на книги и подарки семье, на одежду и игрушки сыну, то на сыроедении я все проедала! Вот такая получилась сыромонозависимость. Когда же я «сыроедила» по всем правилам и кушала мало, то дико худела, начинала сохнуть кожа.

- Кстати, о сухости кожи — на сыроедении у меня сильно потрескались пятки, хотя всю жизнь были гладенькими и розовыми без особых усилий. Трещины были очень большими и глубокими, летом туда забивалась пыль — выглядело, честно, отвратительно. Я страдала, но никакие масла и ванночки, пилинги и компрессы не помогали. Помогло вегетарианство – в частности, мое любимое аюрведическое масло гхи! Причем, я стала носить закрытую обувь (восстановить гладкость пяток я уже и не надеялась), а потом совершенно случайно обратила внимание, что они — вновь гладкие и розовые! Чудеса!

- *Моя многострадальная кожа лица на вегетарианстве стала лучше — закончились, наконец, все эти периодические ужасные чистки, от которых я так устала. И мне от этого очень радостно. Затем я всерьез подключила очищение сознания различными методами, и добилась таки идеального состояния своей кожи — в этом мне помог аюрведический врач, сказавший, что еда – вторична, а первичны мои обиды и моя раздражительность!*

- *Психологически, казалось, сыромоноедение дается мне легко. Срывов не было, тяги особой тоже, но сейчас я понимаю, что втихаря все же скучала, а зимой особенно, по сытным наваристым супам-пюре, по любимым кашам, по обожаемым пароваренным овощам и овощам-гриль... Да простят меня сыроеды, но в душе я та еще блюдоманка, причем обожающая готовить! Руки все эти почти полтора года так и чесались что-то приготовить. А когда я писала статьи о кулинарии разных стран (были у меня такие заказики!), то мне почему-то становилось немного грустно.*

- *Еще я, наконец, призналась себе, да и вам тоже, что проблема с сыроедением моего сына психологически так и не была решена мною. Да, внешне я довольно спокойно относилась к этому, видя, что ребенок ничего такого не требует и спокойно жует свою сырую еду. Я искренне думала, что отпустила от себя это, но сейчас смотрю издалека на все, что было, и понимаю, что нет, проблема была! На детских площадках и во время застолий я внутренне напрягалась, следила за своим ребенком, отодвигала от него вредности и придвигала полезности, переживала, когда к нему приближался ребенок с куском хлеба или шоколадкой... Нет, так жить очень тяжело! Я и сейчас не приветствую застолий и шоколадок с хлебом, но уже и не боюсь их, как огня – я приняла их как неизбежность. В конце концов, ребенок не умрет от одной шоколадки, если где-то попробует ее, а дома такой вредной пищи для него не будет!*

- *Сыроедение очень сильно испортило мои зубы. Точнее, их испортил мой фанатизм на сыроедении. Нет, тут дело вовсе не в недостатке кальция или еще каких-то там минералов и витаминов. Мои зубы пострадали от бесконечного, практически непрекращающегося в течение дня воздействия на них* фруктовых кислот. Ну, сами подумайте — фрукты, фрукты, фрукты без полосканий рта, иногда и без чистки зубов — запаха-то нет! В результате я получила темный коричневый налет почти на всех передних зубах (выглядело ужасно!) и 9 (!!!!!!!!!!) зубов, поврежденных кариесом! Честно говоря, сказать, что я была в шоке — это ничего не сказать. Даже при моем самом безрассудном рационе я не имела таких проблем с зубами — максимум одна-две пломбы в год. Так что, дорогие сыроеды, «жуй всегда и везде сырое и не чисть зубы», увы, не работает! Моя самонадеянность и неистовая вера в сырую пищу отрицательно сказались на состоянии моих зубов. Но зато я получила отличный урок антифанатизма! Ура! А зубы я почти уже долечила — два осталось. Да и налет мне немного почистили, стало почти прилично улыбаться!

- Ну и по поводу женственности я уже писала. Сыроедение сильно уводило меня от семьи, от домашнего уюта, от реальной жизни... Творческие проекты, саморазвитие, регулярные заботы о себе, о своем рационе, о своем теле, о своем времяпровождении слишком уж отдалили меня от главной задачи женщины — заботы о муже. Да простят меня феминистки! Но лично меня сыроедение увело в какой-то неприкрытый эгоизм. Да, я стала лучше понимать и слышать своего мужа, благодаря высокой степени осознанности, полученой на сыроедении, но я никак не применяла эти навыки в семейной жизни. Теперь исправляюсь!

♥ **В этой главе я постаралась осветить все плюсы и минусы своего сыромоноедения. Надеюсь, ничего не упустила — уж больно объемный получился вопрос, пост писался долго, частями. Но еще раз хочу подчеркнуть — меньше всего мне бы хотелось, чтобы эта информация каким-то образом повлияла на ваше решение перейти на натуральное питание.**

Мой опыт весьма субъективен, впрочем, как и любой человеческий опыт, однако хочется верить, что кого-то я могу, таким образом, уберечь от ошибок и заблуждений!

Всех благ вам, дорогие читатели, сыроеды и не очень, переходящие и стремящиеся, бывшие сыроеды, настоящие и будущие!

Правильное сыроедение для Питта-доши

Чистая Питта-доша — единственный тип людей, кому показано сыроедение. Но и оно должно быть правильным, т.е. тщательно продуманным с точки зрения аюрведической системы питания.

Вате чистое сыроедение противопоказано, а вот Капхе полезно сыроедить сезонно – в жаркие весеннее-летне-осенние месяцы!

Да, я снова хочу поговорить с вами о сыроедении. Не хотела больше писать о нем, но вот не дают мне покоя ошибки, совершенные в период питания исключительно сырой пищей. Очень хочу уберечь вас от них, тем более, люди все еще пишут и задают вопросы по поводу этого образа жизни.

А я периодически, в свете новых аюрведических знаний, анализирую свой опыт и делаю определенные выводы. Сегодня я поделюсь с вами своими мыслями на этот счет — очень хочу, чтобы ваше сыроедение принесло вам только пользу!

♥ Таким образом, данная глава является квинтэссенцией большого объема знаний и моего практического опыта, накопленных мною за 7 лет гастрономических исканий и проб с ошибками!

Итак, прежде всего, вам необходимо точно выяснить, к какой доше вы относитесь.

В главе «Сыроедение в свете Аюрведы — мои проблемы и ошибки» я кратко освещала все три типа людей по Аюрведе, а в своем блоге даже предлагала вариант их определения *(который, увы, не всегда верен!).*

К примеру, по этой программе я получалась Капха-Питта, а опытный доктор определил мою дошу как Вата-Питта, да я и сама не чувствовала в себе никогда Капхи, разве что в детстве, когда во всех детях она преобладает. Статью я все равно оставляю — в этой программе много полезного, помимо определения доши.

♥ **Лучше всего определить свой тип конституции у опытного аюрведического врача, чтобы не создавать себе подобных моим проблем, о которых говорилось выше. Кстати, он же вам и с питанием поможет определиться.**

Я же всего лишь хочу помочь вам избежать самых простых ошибок, если вы уже твердо решили стать сыроедом. Ведь переубедить Питту, если она что-то решила, очень сложно, да и не нужно — у каждого ведь свой неповторимый путь!

Допустим, вы узнали, что вы — чистая Питта-доша, что бывает очень редко, но все же бывает! Тогда вам, конечно же, показано есть прохладное и сырое.

Действительно, согласно Аюрведе, Питта-доша - огненная доша - очень нуждается в охлаждающих внутренний огонь продуктах.

♥ **Что же может лучше всего охладить, как не сырые продукты? Но... Удивительно, но существует множество сырых продуктов,**

которые не только не охладят ваш огненный пыл, но и многократно поднимут вашу Питта-дошу!

Каких продуктов следует избегать Питте:

1. Яркие овощи

Вот, например, помидоры Питте категорически противопоказаны и в сыром, и даже в термообработанном виде. Знаю-знаю, большинству людей очень нравятся эти сочные сладковатые плоды. Что ж, если вы хотите держать свою Питту в узде, придется о помидорчиках забыть...

В начале своего сыроедения я практически все лето и часть осени провела на сладких розовых помидорах — ела только их. В огромных количествах. Стоит ли говорить, что, так называемые в кругу сыроедов «чистки», в то время у меня были наисильнейшими. Кожа постоянно была воспаленной.

Питтам также следует избегать употребления в пищу красной паприки, моркови, свеклы, оранжевой тыквы *(или лучше поищите белую!)*. Не подходят вам и баклажаны, однако мало кто из сыроедов радостно уплетает эти пасленовые сырыми... Так что, дорогие мои Питты, «полезный всем» морковный сок или сыроедческий свекольник *(рецепт есть в моем блоге!)* — явно не для вас!

2. Яркие кислые фрукты

Самая большая фруктовая опасность для Питты — цитрусовые. Недаром они считаются аллергенами в традиционной медицине. Их яркий вкус очень сильно поднимает Питта-дошу. Особенно опасны недозрелые кислые цитрусовые в больших количествах.

У меня всю жизнь была аллергия на апельсины, мандарины и лимоны. На коже моментально была видна реакция — съем немного, сразу сыпь. *Так выходили в свет токсины, таившиеся внутри меня из-за неправильного питания.*

Однако эти фрукты главенствовали в моем рационе в первые два месяца моего сыроедения — видимо, нужно было закрыть детскую потребность! Сыпи в тот период на коже не было, наоборот, она была очень чистая — вероятно, вегетарианство и водохлебство сделали свои дело, освободив мое тело от токсинов. Но зато были присущие высокой Питте фанатизм, агрессия, раздражительность — в тот период особенно активно приходилось отстаивать свой новый образ жизни! А цитрусовые лишь подогревали мою и без того пламенную страсть...

Вишня, клубника, клюква, брусника, красная и черная смородина, кислые сливы, кислый виноград, недозрелые яблоки — это не для вас! Брр, пишу о них, а у самой аж зубы сводит, как представлю эту кислятину...

3. Острые овощи — лук, чеснок, имбирь, красный перец, редька, редис

Острый вкус повышает Питту, усиливает и без того пылающий ярким пламенем огонь пищеварения. Это негативно сказывается на работе желудочно-кишечного тракта, а, следовательно, на здоровье всего организма в целом. Тут и сыродение не поможет.

А если подумать, то многие ли люди способны вот так просто умять стручок красного перца или большую луковицу?! То еще удовольствие! Как правило, такие овощи с резкими вкусами добавляются в термообработанные блюда или в салат, всячески смягчаются другими компонентами.

В этом плане сыромоноедение очень полезно — вряд ли кто-то будет килограммами поглощать имбирь или чеснок!

Кстати, согласно Аюрведе лук и чеснок — продукты невежества, дурманящие разум. А красный перец, редька и редис — страстные продукты, что тоже не очень хорошо, особенно для и без того страстной Питта-доши. Имбирь считается благостным продуктом, очень хорош при слабом пищеварении и как профилактика простудных заболеваний, но Питту он повышает.

В самом начале своего сыромоноедения я с вожделением ела сырой лук с зеленой гречкой. Видимо, паразитов каких-то гнала подсознательно.

Желудок меня явно не благодарил за это... Редьку я так и не смогла есть, хотя и пыталась пару раз, но оно и к лучшему!

4. Грибы

Вокруг этого царства всегда было много споров. И все же грибы кушать не стоит. Они до конца не изучены, но ученые пришли к выводу, что грибное царство — нечто среднее между растениями и животными. Более, того Аюрведа считает их тамасичными — т.е. невежественными. Благостными продуктами являются те растения, которые выросли с помощью солнца. А грибы, как известно, любят сырость, да еще и из почвы всю грязь впитывают. Оно вам нужно?!

Я долго не могла решить, нужны ли мне грибы. Зимой на сыроедении хотелось чего-то плотного, сытного. Был у меня такой грибной период — ела сырые шампиньоны, даже мариновала разок в лимонном соке с имбирем, но потом начиталась про них всякого и как отрезало. Надеюсь, и вы начитаетесь в моей статье!

5. Соль, морские водоросли

Соль — продукт тоже довольно спорный и очень привязывающий к себе. Многие сыроеды продолжают подсаливать салаты и сыроедческие блюда. Питте этого делать не следует! А также не стоит заменять морскую соль морскими сушеными водорослями — так делают некоторые приверженцы натурального питания. И соль, и водоросли — точно не для Питты!

Помню, меня на сыроедении очень тянуло на солененькое. Так мне хотелось капустного салата с солью! Позволяла себе иногда. И вообще, я понимаю, что у меня сильная солезависимость — я всегда досаливаю приготовленную пищу... Каюсь! И желаю вам избавления от этого пагубного Питта-пристрастия!

6. Продукты брожения

Всем Питтам совершенно противопоказаны все ферментированные продукты — квашеная капуста, различные чайные грибы, маринады. Они способствуют накапливанию токсинов и разжигают огонь Питты до предела.

Как вы уже поняли, дорогие читатели, сыроедение чистой Питта-доши вполне может быть успешным в том случае, если вы исключите из своего рациона острые, кислые и соленые вкусы — они слишком яркие и слишком раздражающие и без того яркую и раздражительную Питту.

7. Мед

Мед обладает согревающими свойствами, а согревать нечто огненное, как вы сами понимаете, не имеет смысла. Более того, это имеет печальные последствия — сыпь, жжение в желудке, раздражительность, нервозность. Если вы все-таки великий сладкоежка, попробуйте при приготовлении сыроедческих сладостей заменить мед на финиковый сахар, на кленовый сироп, на натуральную патоку.

Столько запретов...

А что же кушать сыроеду-Питте?

1. Фрукты

Ура! Вам можно сладкое! А для сыроеда это вообще праздник, ведь сладость можно найти практически в любом фрукте.

Однако и тут будьте осторожны: Питте лучше избегать красных и оранжевых фруктов. А если вам все же захотелось полакомиться клубничкой или апельсинами, то лучше делать это в обеденное время, когда пища наилучшим образом переваривается. Не употребляйте кислые и незрелые фрукты.

Наиболее подходят вам сочные и спелые: персики, нектарины, манго, яблоки, хурма, бананы *(ими не следует увлекаться! это слизеобразующий продукт),* кокосы, сливы, алыча, черешня, хурма *(только очень спелая!).*

Можно кушать спелые дыни и арбузы, но не злоупотреблять ими!

Показаны Питта-доше и сухофрукты, предварительно замоченные на несколько часов в воде. Особенно хороши финики, инжир и изюм.

Осторожно следует употреблять чернослив и курагу из-за их кислого вкуса.

2. Овощи и зелень

А вот тут Питтам есть, где разгуляться, ведь ей следует употреблять в пищу горький и вяжущий вкус. А ими обладает почти вся зелень!
Незаменима для спокойствия огненных людей зелень кинзы — она должна стать постоянным спутником ваших обедов! Хороши также листовой сельдерей и листовой салат, особенно тот, что с горчинкой. Женщинам предпочтительнее употреблять петрушку, а мужчинам — укроп. А вот пряной зелени вроде базилика, тархуна и орегано лучше избегать. Не обрадуется ваш огненный желудок и кислому вкусу щавеля и шпината.

Зеленый цвет, как известно, успокаивает, а потому все ваши овощи — зеленые. Это огурец, стебель сельдерея, кабачок, цукини, зеленая паприка, стручковая фасоль, белая тыква, спаржа, все виды капусты (только с белокачанной будьте осторожны, все-таки она с острым привкусом! ну и краснокачанную ее разновидность сложно назвать зеленым овощем!), молодой зеленый горошек.

Моей большой ошибкой на сыроедении было то, что я ела мало и зелени и зеленых овощей — вот вам и причина бесконечных «чисток» кожи! Эх, знать бы раньше! Очень рада, что могу теперь делиться с вами этими знаниями — пусть у вас все будет грамотно!

3. Орехи и семечки

Из орехов Питте можно кушать только миндаль, желательно молодой, предварительно замоченный на несколько часов в воде и очищенный от шкурки. Да, вот так постановила мудрая наука Аюрведа!
Семечки кушайте подсолнечные и тыквенные, обязательно в пределах 100 граммов за один раз.

4. Масла

Подсолнечное нерафинированное холодного отжима и такое же оливковое.

5. Злаки

Не все сыроеды любят проростки, но все же Питте необходимо питаться довольно плотно — аппетит у нее что надо! Плюс есть хоть какая-то гарантия, что Вата-доша не зашкалит на сыроедении. Хорошим подспорьем сыроеду Питте могут стать проростки пшеницы — они хорошо охладят и насытят вашу огненную дошу.

В меньшей степени подходят овес и ячмень, но ими вполне можно изредка разнообразить ваше злаковое меню.

6. Бобовые

Согласно Аюрведе, люди типа Питта очень хорошо переваривают все бобовые, кроме красной чечевицы, но это относится к термообработанной пище с добавлением асафетиды. Сыроеды же вполне могут баловать себя проростками удивительно полезного маша и размачивать предварительно заботливо засушенный летом на зиму молодой зеленый горошек.

Питание — это основа жизни человека, но немаловажно и то, как человек живет. Вашей доше лучше применять статические физические нагрузки — статическая йога, йога-нидра, стречинг, ходьба, плавание в свое удовольствие и... шахматы.

Очень хорошо Питта-доше жить на природе, встречать рассветы, вести неторопливый образ жизни, общаться с приятными людьми, планировать свой день. Конечно, это благоприятно скажется на здоровье любой доши, но для огненной натуры Питты это особенно важно, уж поверьте, я разницу на себе проверила!

Вот такая получилась большая и подробная глава о том, как выглядит правильное сыроедение для Питты. Постаралась не упустить ни одной детали — они очень важны при переходе на натуральное питание. Надеюсь, вы не повторите моих ошибок и сыроедение станет для вас панацеей.

Всех благ вам, дорогие доши! 😊

Приложение «Полезные советы для начинающих сыроедов».

Принятие себя

Самый важный и самый непростой шаг на пути к сыроедению — полное и безоговорочное принятие себя.

Очень часто сыроеды задают друг другу множество вопросов, делятся опытом. И это хорошо — чужой опыт — это те крупицы практических знаний, которые можно применить в своей жизни. МОЖНО, но НЕ ОБЯЗАТЕЛЬНО!

Довольно часто люди, стремящиеся перейти на сыроедение, и мне задают вопросы такого характера: можно ли мне есть проростки, можно ли я посолю свой салат, ничего страшного, если я добавляю в блюда чеснок?!

Хм, я, конечно, могу ответить: «Ой-ёй-ёй, вы что, проростки — не видовая пища, соль — яд, а чеснок сродни лекарству!», но разве этим людям станет от этого проще жить? Раз они едят все эти продукты, значит, так нужно на их этапе эволюции... А я к пониманию этого шла сама, целый год, путем СВОИХ проб и ошибок!

Вот почему я против насильственных методов перехода на сыроедение — как же так, все переходят, и мне нужно! А то стыдно есть хлеб, стыдно пить кефир. Перед кем стыдно-то?!

Если совершить переход на натуральную пищу под давлением, опираясь лишь на собственную силу воли, то вскоре все незакрытые потребности тела в привычной пище — будь то хлеб или кефир, чеснок или соль — они обязательно выстрелят, как насильно сжатая пружина! А тогда, сами понимаете, тело пустится вразнос... Здесь нужно только полное понимание и ясное осознание своих поступков.

Знаете, почему большинство детей, которых мало кормили грудью, долго сосут соску или пальчик? Потому что у них осталась незакрытой потребность в сосании — естественная потребность, которую прекратили вопреки их желанию — просто взяли и решили за них! Вот почему, я считаю, кормить ребенка грудью нужно, по возможности, до его самоотлучения. Я никого не обвиняю, опять же, у каждой матери свой взгляд на кормление, а у каждого ребенка свой опыт... Ну, это уже совсем другая тема — так, параллель провела.

Так вот, дорогие начинающие сыроеды, пожалуйста, примите себя и свой путь, не обращая внимания ни на гуру сыроедения, ни на предостережения «традиционно» питающихся, ни на страшилки врачей. Это ВАШ путь — вы у себя один — единственный и прекрасный со всеми своими недостатками.

Верьте, обязательно наступит такой день, когда вы просто физически не сможете съесть ни кусочка мертвой пищи, даже при всем своем желании... А если такой день не настанет, значит, у вас другой путь — все очень просто. Ведь не все рождены, чтобы стать сыроедами...

Лично я, как уже неоднократно писала, вовсе не собиралась переходить на сыроедение, а просто внимательно слушала свое тело, много читала на эту тему, фильтровала, пробовала, примеряла на себя. Я ни перед кем не отчитывалась, никому ничего не доказывала.

Вот почему не было срывов — есть осознанность! А захотелось вегетарианского рагу почти через полтора года сыроедения, пошла и съела без сожаления.

Знаете, первый год моего сыроедения можно назвать ортодоксальным. Начитавшись гуру сыроедения, Изюма, пропогандировавшего монопитание, я боялась даже зелень смешивать с овощами, перестала пить любимые мною зеленые коктейли.

А потом, по мере приобретения опыта в таком питании, я стала оценивать и его опыт более критично — горы арахиса, килограммы шампиньонов, отсутствие воды. Ну не нужна этому человеку вода, он ее из фруктов получает, а мне нужна, мне в удовольствие сейчас в течение дня через трубочку пить талую воду со льдом.

Был у меня и период безумной тяги к соли — ни с того ни с сего после почти года жизни без нее. Сдалась и присаливала капусту, помидорки, огурцы. Недавно вот посолила капусту и доесть не смогла — невкусно стало вдруг с солью. Все, больше не тянет.

Чужой опыт не плох — он прекрасен, он помогает посмотреть на свою жизнь под иным углом, взять что-то для себя, решить какие-то проблемы, но слепо следовать — нет уж!

Мне очень нравится притча Ошо о принятии себя — каждое слово в ней уникально!

Вы не можете быть никем иным, а лишь тем, кто вы есть. Расслабьтесь! Существованию вы нужны именно таким.

Однажды король пришёл в сад и увидел вянущие и гибнущие деревья, кусты и цветы. Дуб сказал, что он умирает потому, что не может быть таким высоким, как сосна. Обратившись к сосне, король нашёл её опадающей потому, что она не может давать виноград подобно виноградной лозе. А лоза умирала потому, что она не может цвести, словно роза. Вскоре он нашёл одно растение, радующее сердце, цветущее и свежее. После расспросов он получил такой ответ:
— Я считаю это само собой разумеющимся, ведь когда ты посадил меня, ты хотел получить радость. Если бы ты хотел дуб, виноград или розу — ты посадил бы их. Поэтому я думаю, что не могу быть ничем другим, кроме того, что я есть. И я стараюсь развивать свои лучшие качества.
Ты здесь потому, что существование нуждалось в тебе таком, какой ты есть! В ином случае кто-то другой был бы здесь. Ты воплощение чего-то особенного, существенного, чего-то очень важного. Почему тебе необходимо быть Буддой? Если бы Бог хотел другого Будду, он произвел бы столько Будд, сколько захотел. Но он создал только одного Будду, этого достаточно. С тех пор он не создал другого Будду или Христа. Вместо этого он создал тебя. Подумай, какое внимание Универсума было уделено именно тебе!
Ты избран — не Будда, не Христос, не Кришна. Их дело сделано, они внесли свой вклад в существование. Сейчас ты здесь, чтобы внести свой вклад. Взгляни на себя. Ты можешь быть только собой ... невозможно, чтобы ты стал кем-то другим.
Ты можешь радоваться и цвести, или можешь завянуть, если ты не принимаешь себя.

Пожалуйста, принимайте себя, слушайте свое тело. Это не значит — культивировать в себе эгоизм, зациклиться и замкнуться на себе, не слышать ничего и никого, кроме себя. Нет, просто пропускайте весь поток информации через сердце, через тело, через душу — что они отвечают вам? И даже если вы ошибетесь, это будет ваша ошибка и ваша ответственность за нее...

Осознанности вам, дорогие читатели, полного и гармоничного принятия себя, а также новых интересных открытий внутри себя!

Сыроедение: когда лучше начинать?

Как правило, мысль перейти на сыроедение посещает вас как озарение, как щелчок по носу, как пощечина, как удар по голове. И тогда пелена падает с глаз, слетают розовые очки, вы пробуждаетесь от долгого сна длиною в жизнь и начинаете действовать.

В тот момент вы, скорее всего, не задумываетесь о том, когда и как лучше начинать переход на сыроедение, какое время года сейчас на дворе, а просто чувствуете, что уже не можете жить, как раньше, есть, как раньше, думать, как раньше.

Что ж, отлично, тогда надо смело хватать это ощущение вдохновения и всячески способствовать его развитию и углублению: начинать переход на сыроедение!

Но часто бывает и так, что человек, переходящий на сыроедение зимой или ранней весной, просто-напросто не может справиться с множеством проблем, наваливающихся на него.

Во-первых, зимой, как ни крути, при всем наличии запасов местных овощей и привозных фруктов, нет того изобильного летнее-осеннего ассортимента растительной пищи, когда идешь по рынку, и глаза буквально разбегаются – вот уж поистине, рай для сыроеда! Если вы, конечно, не в райских тропиках живете...

Во-вторых - и этот фактор для многих сыроедов становится определяющим - начинать переходить на сыроедение зимой довольно финансово накладно. В первые месяцы сыроедения тело требует больших объемов пищи. Многие могут возразить, сказав, что местные яблоки хранятся почти до лета. Да, но новоявленному сыроеду на первых порах подавай разнообразие и гамму вкусов, а на одних яблоках и цитрусовых новичку перезимовать будет сложновато.

В-третьих, начинать сыроедение лучше с сочных продуктов – фруктов, ягод – так организм чистится быстрее и интенсивнее. Если вы будете злоупотреблять злаками и орехами, чистки замедлятся, а то и вовсе прекратятся. А зимой возможность регулярно питаться свежими сочными фруктами, как уже было сказано, значительно ниже, чем в летнее-осенний период. Вот и приходится зимой волей-неволей включать в свой рацион орехи, семена и злаки.

В-четвертых, тело сыроеда на начальном этапе, как известно, заметно теряет в весе, а потому велика вероятность повышенной «мерзлявости». Люди же, перешедшие на сыроедение летом, к зиме уже немного набирают в весе, адаптируются к новому виду питания, а потому и холода переносят довольно легко *(лично я даже обливалась в период сыроедения по утрам ледяной водой, хотя всю жизнь до этого куталась каждую зиму, как ненормальная!)*.

В-пятых, недавно перешедший на сыроедение организм по старой памяти будет яростно требовать якобы согревающих напитков и блюд – чая, кофе *(а то и чего покрепче, вроде глинтвейна!)*, супчиков и кашек или даже мяса. Испытывая постоянное чувство холода, вы будете с нежностью вспоминать все горячее и вредное, мечтая, что оно камнем упадет в ваш желудок и будет, медленно разлагаясь, тяготить и греть ваше тело много часов подряд.

А еще вам непременно захочется чего-то сытного, и вы либо сорветесь на термообработанную пищу, либо будете яростно злоупотреблять орехами. И то, и другое довольно тяжело переносится как морально, так и физически.

Как видите, вероятность срывов зимой очень велика, а потому переходить на сыроедение лучше ближе к изобильному летнему сезону – например, в конце весны, летом, в начале осени, когда и ассортимент продуктов шире, и активности больше, и свежего воздуха хватает, и дома реже засиживаетесь, и кушать не так сильно хочется *(особенно в летнюю жару!)*.

Переходить на сыроедение ранней весной также довольно сложно, потому что местные яблоки, как правило, заканчиваются, цитрусовые привозят уже не самого лучшего качества, а новое местное либо еще не выросло, либо сильно нахимичено.

Есть еще, конечно, масса свежей весенней зелени, которую можно выращивать и самостоятельно, но что такое зелень для новоявленного сыроеда, вчерашнего гурмана?! Всего лишь салатный атрибут! Он еще не пришел к осознанию зеленой части растений как отдельного, довольно сытного и питательного, блюда – это произойдет намного позже!

Так что, дорогие начинающие сыроеды, если озарение настигло вас поздней осенью, среди зимы или в самом начале весны, если вы чувствуете в себе силы стойко пройти все вышеперечисленные испытания, что ж, вперед, *и мой вам низкий поклон (всегда восхищалась «зимними» сыроедами! Сама-то я, в свое время, переходила на сыромоноедение в конце апреля – в самый удачный период).*

А если есть все же доля сомнения, то лучше начните зимой подготовку к этому самому сыроедению, постепенно, не насилуя организм, отказываясь от вредных продуктов, заменяя их живыми, когда захочется, съедая что-то щадяще приготовленное *(например, печеную картошку или вегетарианский овощной суп).*

При таком размеренном режиме перехода на сыроедение к лету вы как раз будете во всеоружии: организм немного очистится, привыкнет к обилию сырой растительной пищи и радостно примет чистое, стопроцентное сыроедение или даже сыроМОНОедение!

Сыроедение: как минимизировать очистительные кризы?

Каждый человек, переходящий на сыроедение, неизбежно испытывает на себе силу, так называемых, очистительных кризов. Только вот интенсивность этих самых кризов вполне можно минимизировать. Как? Об этом и пойдет речь в данной главе.

Что же такое очистительные кризы?

Дело в том, что при регулярном употреблении термообработанной пищи в организме человека скапливается немыслимое количество мусора — шлаков, токсинов. Все это влечет за собой размножение микробов и совсем не дружественных бактерий.

Когда такая еда в большом количестве поступает в тело человека, оно просто не может справляться с потоком шлаков, а потому постоянно складирует их в укромных уголках организма, сигнализируя нам об этом головными болями, вялостью, раздражительностью, болезнями.

Вот почему диетологи всех мастей и рангов всегда советуют употреблять больше свежих овощей, фруктов, не забывать о зелени. А также минимально обрабатывать пищу.

В тот момент, когда человек перестает употреблять термообработанную пищу и переходит на чистое сыроедение, непрерывный поток шлаков в организм прекращается, а потому тело, освобожденное от бесконечной борьбы с ними, принимается за свою прямую обязанность — самоочищение.

А теперь представьте себе мусорную свалку, на которую годами, десятилетиями сваливали отходы, а потом вдруг перестали сваливать и решили этот клочок земли расчистить, чтобы засеять его, скажем, цветами.

Дело, безусловно, хорошее, но ведь мусор нужно куда-то деть. Вот и начинается транспортировка мусора всеми возможными способами. Так происходит и в нашем загрязненном организме.

Все шлаки и токсины, десятилетиями копившиеся по углам, вдруг начинают, толкаясь и перегоняя друг друга, рваться наружу! А еще прибавьте к ним все прививки, которые вы когда-либо делали, все лекарства, которые вы когда-либо употребляли…

♥ Ни одна, даже самая маленькая химическая таблетка или витаминка, не растворилась в вашем организме, а осела в нем мусором.

Как проявляются очистительные кризы?

Ваше тело начинает выводить весь мусор, в первую очередь, через выделительные системы организма, а также через ваши слабые места.

В самом начале практикования сыроедения вы можете:

- *чувствовать слабость*
- *испытывать тошноту*
- *переживать неожиданные резкие боли в кишечнике, желудке, печени, почках*
- *покрываться сыпью*
- *обильно потеть*

А еще у вас могут:

- *болеть и рушиться недолеченные зубы*
- *течь уши*
- *закисать глаза*
- *выпадать волосы*
- *слоиться ногти*
- *покрываться налетом язык*

Также из вас может выходить:

- *странного цвета и запаха моча*
- *частый и странный с неприятным запахом кал*
- *рвота с очень странными и неожиданными включениями*

Не стоит впадать в панику и пытаться лечить все это традиционными методами, ведь все эти явления, как ни странно — норма! Однако у каждого новоиспеченного сыроеда такие очистительные кризы — сугубо индивидуальны, а потому не нужно равняться в этом вопросе на других людей.

♥ Интенсивность и вид очистительных кризов зависят от того, с каким багажом шлаков человек подошел к переходу на сыроедение, насколько силен и вынослив его организм, насколько правильно человек практикует сыроедение.

Как же минимизировать очистительные кризы?

Безусловно, минимизировать очистительные кризы можно, более того, это нужно делать заранее, еще до перехода на сыроедение, чтобы впоследствии поток выходящих наружу отходов, десятилетиями живших в вашем теле, не был столь интенсивным и болезненным.

Работа с телом.

До перехода на сыроедение следует активно практиковать все известные вам методы очищения организма: регулярное голодание, водопитие, мягкие чистки печени, очистительные клизмы и т. п.

К самому сыроедению лучше идти плавно, мелкими шагами, постепенно исключая из рациона вредную пищу, заменяя ее более или менее щадящими вариантами, аккуратно и медленно увеличивая долю сырой пище в своем рационе.

При регулярном практиковании этих мер вы можете подойти к сыроедению с уже довольно хорошо подготовленным организмом. Конечно, эти методы не помогут вам в полной мере избежать очистительных кризов на сыроедении, но вполне могут их минимизироввать!

Работа с сознанием.

Немаловажную роль при переходе на сыроедение играет и ваше сознание. Если вы, начитавшись в сети о страшных очистительных кризах других сыроедов, начнете панически бояться всех этих процессов, то вы сполна их получите, будьте уверены!

Поэтому в голове, где-то в дальнем уголке вашего умного мозга, следует держать мысль о том, что да, очистительных кризов не избежать, но у вас они пройдут максимально мягко и щадяще. Настраивайте себя на лучшее, но и не отметайте совсем это неизбежное в жизни каждого начинающего сыроеда явление.

Мой личный опыт подтверждает все написанное выше. К моменту перехода на сыроедение, у меня за плечами уже было 5 лет неупотребления синтетических лекарств, серьезная гомеопатическая чистка и почти годовала строжайшая диета, многочисленные практики суточных голоданий, полтора года водопития, мягкие чистки организма пшеничными отрубями, периодические клизмы, несколько месяцев раздельного питания, а также вегетарианства и веганства.

Но и этоговсе же оказалось недостаточным! В первый месяц сыроедения пару дней была слабость, периодически текли уши, несколько раз ночами было обильное потоотделение, после 8 месяцев сыроедения два раза была ночная рвота.

И кожа лица чистилась постоянно — самое слабое и залеченное место моего тела.

Частично готово было к переходу мое сознание, а потому кризы не были очень уж интенсивными: я старалась не противопоставлять себя миру и не ожидала неминуемой кары небесной за прошлые ошибки по отношению к своему телу.

Уважаемые начинающие сыроеды, помните: все — в ваших руках, и даже самые сильные очистительные кризы при переходе на сыроедение можно минимизировать, если подходить к вопросу комплексно и осознанно.

Легкого и осознанного вам перехода на сыроедение!

Сыроедение: как быстро набрать вес?

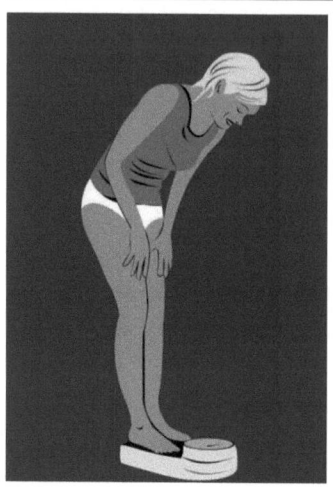

Многих переходящих на сыроедение людей пугает весьма актуальная проблема: как набрать вес, который так стремительно теряется на сырой пище.

Конечно, если вы долгие годы мечтали избавиться от лишних килограммов, то такое стремительное похудение будет вам только в радость. А если вы и так особой полнотой никогда не отличались, а переход на сыроедение сделал вас уж очень тощим?

Я и сама довольно долго оттягивала полный переход на сыроедение, все еще цепляясь за каши и хлебцы, лишь бы не отощать, потому что всю сознательную жизнь весила 45 кг, а после родов как раз только приятно округлилась.

Вы переходите на полное сыроедение, стремительно теряете вес, люди начинают вам сочувствовать, оппоненты в спорах о правильном питании — ловко использовать этот аргумент против вас, а родители то и дело пытаются накормить вас калорийными кашками.

Естественно, при таком положении вещей стремление набрать вес может попросту превратиться в нездоровую манию, да и где гарантия, что вы, устав от сочувствия, насмешек и родительских охов-вздохов, вновь не вернетесь к кашкам и хлебушку с маслицем?!

Подождите, не спешите! Набрать вес на сыроедении вполне реально, причем довольно быстро, но действовать нужно комплексно.

Шаг 1. Работаем с головой.
1. Отпустите от себя все крамольные мысли о том, что вам не хватает витаминов, минералов, жиров и аминокислот. Вы каждый день едите одни сплошные витамины и минералы, их не может вам не хватать! Главное – слушать свое тело.

2. Все время напоминайте себе о том, чтобы ничего ценного не потеряли. Наоборот, вы избавились от копившихся годами залежей мусора в вашем организме – шлаков, токсинов, жировых отложений. А те, кто ехидничает по поводу вашей худобы, как это ни прискорбно, таскают в себе десятки килограммов пищевых отходов...

3. Примите свое изменившееся тело таким, каким оно стало – ведь это временное явление, переходное. Смотритесь в зеркало не для того, чтобы выискать недостатки, а чтобы разглядеть достоинства! *Например, животик стал плоским, рельеф мышц гораздо заметнее, целлюлит бесследно исчез, а набрать вес вы всегда успеете...*

4. Научитесь не реагировать на колкие замечания или слезливые сочувствия. Придумайте какую-нибудь дежурную шутку и всякий раз отшучивайтесь от «доброжелателей». *Лично мне помогал в таких случаях отличный рекламный слоган из фильма «99 франков»: «Будь худой, но не головой!»* ☺. *После того, как я глубокомысленно произносила эту фразу, люди надолго задумывались.*

Шаг 2. Работаем с телом
1. Питайтесь строго моно. Все очень и очень просто. Не цепляйтесь за якобы помогающие набрать вес продукты, не делайте сложные высококалорийные сырые блюда — это бесполезно, а, точнее говоря,

даже не полезно. Помните, чем быстрее вы потеряете вес, чем быстрее его наберете! Парадокс? Но только на первый взгляд!

Вес при таком моно питании теряется молниеносно. Длится этот процесс основной очистки организма несколько месяцев (от 3 месяцев до 12 – у кого как). Потом происходит своеобразный щелчок, организм перестраивается на натуральную пищу, и вы потихоньку начинаете набирать вес. На смешанном же сыроедении этот процесс может растянуться на долгие годы...

2. В начале своего сыроедения не злоупотребляйте жирной пищей – орехами, семенами, авокадо – в надежде набрать вес. Не стоит тешить себя мыслью, что набрать вес на начальном этапе вам помогут злаки или бобовые, а также сложносоставные смеси вышеперечисленных продуктов. Такая еда значительно замедляет первичные чистки организма, а потому уместна лишь после полугода чистого сыроедения.

3. Можно помочь телу скорее избавиться от шлаков с помощью различных методов очищения, лечебного голодания, умеренности в еде. Только не стоит усердствовать с экстремальными чистками и насильно ограничивать себя в количестве пищи – сыроедение и так постепенно сделает всю эту грязную работу максимально комфортными темпами для организма.

4. Как только основная чистка вашего тела завершена, и вес стал набираться, можно немного ускорить этот процесс, включив в свой рацион орехи и семечки, размоченные водой, а лучше пророщенные *(не более 100 граммов в день),* авокадо *(не более одной штуки в день),* спелых бананов *(по самочувствию).*

5. Помогите своему телу обрести новые, красивые формы. Чтобы отвлечь свое назойливое внимание от темы собственной худобы, займитесь мышцами – каждое утро прорабатывайте рельеф своего тела, увеличивая там, где вам надо, мышечную массу. Поверьте, на сыроедении тело преобретает красивые формы буквально на глазах. Главные условия – регулярность и позитивный настрой!

Как видите, набор веса на сыроедении – не самая страшная проблема. Это все очень легко решается, вес быстро набирается, стоит лишь приложить некоторые усилия! Будьте красивы!

Сыроедение: как избежать срывов

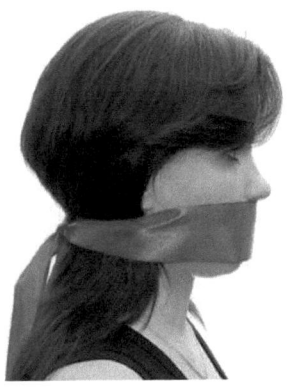

Каждый стремящийся перейти на сыроедение или просто изучающий информацию об этом стиле питания наверняка уже достаточно осведомлен о сложностях перехода на сыроедение. А также о многочисленных срывах людей, пытающихся это сделать.

Неужели все срываются? Неужели срывов никак не избежать? Неужели сыроедение – питание не для всех, а только для самых стойких духом и волевых?

Да, увы, не для всех – и физически, и морально! Но если вы твердо решили стать сыроедом, тогда эта глава может быть вам полезной.

Итак, как же избежать срывов на сыроедении?

Как показывает практика, в основном на сыроедение переходят люди, желающие избавиться от каких-либо заболеваний, перепробовавшие уже массу всяческих видов лечений, разочаровавшиеся в медицине, а потому уповающие на сыроедение как на панацею.

Чем не мотивация?! Неужели ваше сознание настолько замутнено, что вы променяете свое здоровье на манную кашу или на бараний шашлык? Не думаю!

Другая часть переходящих на сыроедение, особо серьезными болезнями не страдающая, выбирает такой стиль питания как раз благодаря высокой степени сознательности, понимая, что так он может дольше оставаться молодым и здоровым. Так вот, эта самая сознательность и должна сдерживать вас от срывов.

Прежде чем, положить в рот то, что не относится к натуральному питанию, задайте себе один простой вопрос: а зачем?

<u>Варианты ответов:</u>

- *побаловать свои вкусовые рецепторы* – так ведь их можно побаловать и натуральной пищей!
- *захотелось что-то приготовить по привычке* – так приготовьте лучше какое-нибудь оригинальное сыроедческое блюдо!
- *не смогли устоять против запахов* – можно просто нюхать приготовленную пищу, как духи!
- *не захотели выделяться во время застолья* – извините, переоценила степень вашей осознанности… Тогда сыроедение точно пока не для вас!
- *не смогли отказать маме, бабушке, жене, которые заботливо слепили пирожки, сваяли торт, пожарили мясо* – а нужно ли вам сыроедение?!
- *пытались уменьшить интенсивность чистки организма* – как проще – отмахнуть хвост сразу или мееееедленно пилить его по кусочкам?! Срывы, конечно, приостанавливают совсем уж интенсивные кризы, но тем самым вы мешаете телу очищаться и попросту топчетесь на месте – организм уже не может питаться, как раньше, а получать все питательные вещества из натуральной пищи пока еще не может в силу зашлакованности. Вот вы себя и загоняете в ловушку своими срывами!

Постоянно, при любом, даже самом мимолетном желании отведать термообработанной пищи, задавайтесь вопросами: зачем? ради чего?

- *А пойдет ли это на пользу моему организму?*
- *А будет ли меня потом мучить совесть за слабость?*
- *А смогу ли я потом вернуться на чистое сыроедение?*
- *А смогу ли я жить и питаться, как раньше, зная, что сыроедение может мне помочь стать здоровым?*
- *А стоит ли несколько минут удовольствия, причем сомнительного, мук вашей совести, метаний, терзаний, болезненных ощущений в организме, которыми непременно сопровождается срыв?*

Людям с живым воображением поможет избежать срывов одна простая методика: читать состав вожделенной термообработанной или синтетической пищи, ярко, в красках представлять себе процесс ее производства, а затем процесс влияния ее на ваш организм.

По поводу контакта начинающего сыроеда с термообработанной пищей вопрос остается открытым: кому-то проще «с глаз долой, из сердца вон», а кому-то легче формировать некий иммунитет к термообработанной пище, контактируя с ней *(готовя кому-то из членов семьи)*, но не пробуя.

Лично у меня выбора не было – весь период своего сыроедения я регулярно готовила мужу – яромy мясоеду – все, что он просил. Но он не заставлял меня, да я и не напрягалась особо – мы давно уже, еще до моего перехода на сыромоноедение, питались разными блюдами. С силой воли у меня все в порядке, а потому мне довольно легко было абстрагироваться от его пищи, как от чего-то съедобного. Нюхала, если хотелось, но ни разу не пробовала! В крайнем случае, просто во время приготовления ела что-то свое, отвлекалась аудиокнигами, музыкой, разговорами по телефону...

На мой взгляд, если совсем уж изолировать себя от термообработанной пищи, то сорваться на нее гораздо проще. Мне в голову сразу приходит пример специализированных клиник для наркоманов – больные помещаются в идеальные стерильные условия. Возможно, так легче отказаться от зависимости...

Но потом они возвращаются в реальный мир с его соблазнами и вновь срываются на наркотики – не все, но срываются. Лучше не ограждать себя фанатично от любого напоминания о вредной пище, а формировать свое осознанное отношение к процессу – почему и ради чего вы отказываетесь от термообработанной еды.

Таковы нехитрые, но довольно действенные методы контролировать свое сознание, свое тело, избегая тем самым срывов на вредную пищу.

Нужны ли сыроеду зеленые коктейли?

Зеленые коктейли — непременный атрибут сыроедения. Редкий сыроед не знает о зеленых коктейлях. А так ли необходимы они в сыроедческом рационе? Я хочу поделиться с вами своим опытом и своими рассуждениями на этот счет.

Когда я только ступила на путь вегетарианства, то узнала о таком явлении, как зеленые коктейли. Но становиться сыроедом даже и в мыслях у меня тогда не было!

Прочитав книгу «Зелень для жизни» Виктории Бутенко, я весьма вдохновилась, и стала каждое утро смешивать в блендере для себя и на тот момент девятимесячного сына зеленые коктейли. Попробовав несколько вариантов, я остановилась на самом простом и, на мой взгляд, самом вкусном — банан+шпинат+вода.

Малыш, уже активно прикармливавшийся тогда из моей тарелки, с удовольствием пил эту зеленую смесь, тем более, было начало весны, и наши тела требовали витаминов.

Я действительно видела результаты регулярного употребления зеленых коктейлей — шли активные чистки организма, состояние кожи улучшалось, энергии прибавилось. Постепенно я заменила такими вот зелеными миксами завтраки.

Практиковали мы с сыном употребление этих вкусностей примерно месяца два-три, и вдруг я стала замечать, что тело будто бы само подталкивает меня к сырой пище, еще до информации о сыроедении я интуитивно выстроила свой рацион питания так, что в нем оказалось 90-95% сырой растительной пищи.

Зеленые коктейли, употребляемые регулярно, видимо, просто довершили дело — как-то плавно вытеснили окончательно те самые 5-10% термообработанной пищи, и я, сама того изначально не желая, неожиданно перешла на чистое 100% сыромоноедение!

Потребность в зеленых коктейлях автоматически отпала! Я больше полугода и не вспоминала про них, но зимой, уже на довольно ощутимом для тела сроке чистого сыромоноедения без срывов, мне почему-то вновь их захотелось, сын поддержал. Так и получилось, что на сыромоноедении мы изредка, раз в две недели, а то и в месяц, пили зеленые коктейли, когда хотелось чего-то этакого.

Поясню про этакое: одно время в моем сыромоноедении был сложный эскпериментальный период — сыроедческие блюда, пару раз соль, чеснок, лук. Было трудно! Я считаю, зеленые коктейли помогли мне не сорваться на что-то более вредное, чем эти незначительные отступления от сыромоноедения.

Для себя я сделала вывод: людям на «традиционном» питании, переходящим на сыроедение людям, начинающим сыроедам зеленые коктейли очень пригодятся как средство мягкого очищения организма и источник свежей зелени.

Думаю, весной, в разгар свежей зелени и в отсутствие свежих местных фруктов, они спасут не одного сыроеда от срыва.

Кстати, хоть зеленые коктейли и противоречат сыромоноедению, я все же наивно полагаю, что зелень сочетается со всеми продуктами, а потому зеленые коктейли изредка вполне допустимы в рационе даже сыромоноеда.

Сыроед+блюдоман: есть ли будущее?

Чтобы наиболее красочно отразить контраст двух половинок такой пары «сыроед+блюдоман», пришлось применить жаргонизм из сыроедческой среды. Под словом «блюдоманы» скрываются все люди, употребляющие термообработанную пищу, иными словами, не сыроеды.

Думаю, совсем несложно найти такие пары, в которых один, следуя велению своего организма, перешел на сыроедение, а другой, не получая никаких велений от своего, так и продолжает поглощать все кулинарные чудеса современной цивилизации.

Есть ли будущее у такой пары? Не будет ли разрыв между ними все больше увеличиваться?

Казалось бы, а что такого? Ну, стал один из партнеров сыроедить и вместо мяса морковку грызть, что с того? Ведь это же всего лишь еда! Однако я, волею судеб, постоянно наблюдаю за отношениями в семьях своих знакомых сыроедов, и некоторые истории просто потрясают...

В одной семье жена чувствует себя невостребованной и обиженной, потому что не может больше готовить своему любимому, ставшему сыромоноедом, его некогда обожаемый плов.

В другой семье мужчина, доводя до истерики и себя, и супругу, угрожает разводом, если она не оставит все свои сыроедческие «заскоки» — ей ведь еще ребенка ему рожать, а для этого, он уверен, непременно нужно мясо и прочие пищевые атрибуты, навязанные системой.

А как драматично могут разворачиваться события, если в эти гастрономические споры еще и дети втянуты. Один из супругов старается перевести ребенка на сырое, а другой при любом удобном случае кормит дитя мясом и поит кефиром. Представляете, что в такие моменты ощущают сами малыши?

И это еще не учитывая мнения всех родственников, которые, как правило, делятся на два лагеря — блюдоманы *(их большинство, как правило, все!)* и сыроеды *(когда-никогда одинокого сыроеда поддержит особо прогрессивный, тоже желающий быть здоровым родственник или молодой братишка-экспериментатор!)*.

К сожалению, культ еды в современном обществе настолько велик, что ваш отказ от тещиных пельменей может стать причиной кровной обиды на всю жизнь, и, как следствие, причиной вашего развода с женой.

Как правило, в каждой семье существуют свои кулинарные традиции — совместный утренний кофе, вечерний чай у телевизора. А как же многочисленнын хлебосольные праздники с их самобраночными застольями?!

Мужа и жену объединяет любовь к крабовому салату по выходным, совместная варка холодца на Новый год и партнерское разделывание и поедание соленой рыбы с пивом в пятницу вечером. А тут вдруг все эти ниточки обрываются...

Неужели все на самом деле так глобально? Глобально! Но не потому, что нет больше совместного поедания рыбы, а потому что сыроедение обостряет все существовавшие до него противоречия в паре.

И дело вовсе не в рыбе, и не в пиве, а в не способности людей принимать других такими, какие они есть, в нежелании развиваться вместе или вслед за своим стремящимся к самосовершенствованию партнером, в нежелании людей признать, что, не осталось в семье других общих интересов...

Вот и цепляются за стереотипы, перекладывают с больной головы на здоровую, почему-то предъявляя права на совершенно свободную в своих поступках, зрелую личность.

Это, как правило, касается так называемых «блюдоманов», но ведь и сами сыроеды тоже «хороши»! Им непременно надо всех спасать, причем насильно (*«Мы заставим вам быть счастливыми!»* ©), открывать глаза, называть еду, которую сам же вчера ел, гадостью, дрянью, трупами, мертвяком...

Сыроеды не желают учитывать того, что всем нужно разное время для осознания — шутка ли, признать, что можно обойтись без каши с мясом и круто все изменить! А многие так и не приходят к пониманию этого, оставаясь в плену традиций — «ну, ели же наши деды вареное и ничего, жили...».

Неужели все пары «сыроед+блюдоман» обречены на конфликты, ссоры, недопонимания и даже расставания? Вовсе нет!

Сыроед+блюдоман: будущее есть!

Какими бы напряженными не стали отношения в паре сыроед+блюдоман, ситуацию всегда можно исправить, если оба партнера захотят сделать это. У такой пары точно есть будущее!

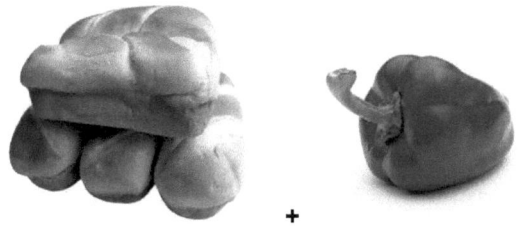

Шаг первый. Простой.
Прежде всего, стоит проанализировать вашу совместную жизнь и честно взглянуть на отношения.

Почему смена рациона питания вызвала столь бурный протест: непонимание и отторжение со стороны супруга?

Возможно, просто потому, что, помимо совместных завтраков и обедов, пара давно уже растеряла все свои общие интересы, а то и вовсе не имела их изначально...

Попробуйте внести свежую струю в ваши отношения, встряхнуться, взбодрить партнера. Можно поехать вместе в какую-нибудь увлекательную и непременно познавательную поездку с массой экскурсий. Активное совместное познавание нового обязательно сблизит вас.

Можно пойти более простым путем и начать совместную с супругом деятельность, так сказать, «не отходя от кассы» — например, начните вместе учить английский язык *(хотя китайский сейчас гораздо актуальнее!).*
Да можно просто набрать интересных неординарных фильмов, и каждый вечер устраивать совместный кинопросмотр, обсуждать сюжеты, героев, режиссерскую работу.

А еще есть ролики, коньки, велосипеды, настольный хоккей, караоке, тренажерный зал, танцы, боулинг, кинотеатр, баня, участие в каком-нибудь совместном проекте.

Главное, найти точки соприкосновения помимо еды, а то печальная статистика показывает, что все больше семей проводит свободное время с макаронами у телевизора...

Шаг второй. Сложный.
Постарайтесь осознать сами, а затем донести и до супруга одну простую мысль: каждый человек приходит в этот мир, чтобы пройти свой уникальный путь. Никто, ни родители, ни дети, ни супруги, не имеют на вас прав, так же, как и вы не имеете права на них!

Это вовсе не значит, что нужно позволять супругу ходить налево или разрешать ребенку курить, но такой вопрос, как выбор еды, находится полностью в компетенции человека. Позвольте другому человеку отличаться от вас!

Поставьте себя на место супруга, если вы — сыроед - если бы вас год назад попытались «затянуть» в сыроедение насильно, вам бы это понравилось?!

Станьте примером для супруга, пройдите сами нелегкий путь очищения, параллельно просто, не навязывая, готовя или давая пробовать супругу сыроедческие блюда — а вдруг понравится?! Только ни в коем случае, не настаивайте, не «спасайте», не хитрите с блюдами, подсовывая полезное вместо привычного — к такому важному решению человек должен прийти только сам!

Поставьте себя на место супруга, если вы — блюдоман — вам кажется, что вы, наконец, открыли панацею от всех болезней, обрели жизненный смысл, вам кажется, что вы взлетели над обыденностью, а любимый супруг тянет обратно... Пусть попробует посыроедить — поддержите, выслушайте доводы, поищите информацию на эту тему, закройте глаза на «шалости» своей половинки — вы получите массу любви и благодарности, поверьте!

Если у вашего парнера стремление к сыроедению серьезно, то вы уже все равно не сможете повлиять, а только испортите отношения. Если же это просто блажь или эксперимент, тогда тем более, отойдите в сторону — скоро все вернется на круги своя, и будут в вашем доме совместные чайные посиделки и хлебосольные застолья... Зато вы в глазах супруга будете надежной опорой в любом его начинании, даже в самом, на ваш взгляд, экстремальном!

Это очень сложно — не переделывать другого - близкого, любимого - а любить безусловной любовью. Но ведь мы для того и находимся на Земле, чтобы учиться и самосовершенствоваться через испытания. Возможно, для вашей семьи сыроедение как раз такой вот проверкой на прочность и станет.

Если же вы никак не можете прийти в этом вопросе к консенсусу, а противоречия все больше обостряются, обрастая все новыми и новыми всплывающими в ходе конфликта деталями, то стоит задуматься, а ваш ли это человек?..

VI. Заключение

Сыроедение мое давно уже закончилось. Сожаления нет, но есть весьма полезный опыт. А еще остался целый ворох статей на эту тему, состоящих из личностных размышлений и теоретической информации, детального анализа своего необычного опыта и желания помочь другим людям в этих непростых вопросах.

Все это однажды удачно сложилось в книгу со странным названием ***«Как не навредить себе едой?».***

Я не хочу агитировать за сыроедение и настраивать вас против него. Все равно в вашей жизни все будет так, как должно быть… Но мне, в свое время, очень помогли не сухие теоретические размышления, а именно истории живых людей – сыроедов и бывших сыроедов.

Если вы прочитали эту книгу и хоть что-то полезное из нее для себя вынесли, значит, мой труд был не зря!

Благодарю вас за внимание и от всего сердца желаю вам отыскать свой путь в этом Мире!

С уважением, Анна Герасименко!

Большинство фотографий в книге взято с фотостока http://www.dreamstime.com/

i want morebooks!

Покупайте Ваши книги быстро и без посредников он-лайн – в одном из самых быстрорастущих книжных он-лайн магазинов! окружающей среде благодаря технологии Печати-на-Заказ.

Покупайте Ваши книги на
www.more-books.ru

Buy your books fast and straightforward online - at one of world's fastest growing online book stores! Environmentally sound due to Print-on-Demand technologies.

Buy your books online at
www.get-morebooks.com

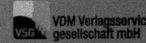

VDM Verlagsservicegesellschaft mbH
Heinrich-Böcking-Str. 6-8　　Telefon: +49 681 3720 174　　info@vdm-vsg.de
D - 66121 Saarbrücken　　　Telefax: +49 681 3720 1749　　www.vdm-vsg.de

Printed by Books on Demand GmbH, Norderstedt / Germany